이 책을 먼저 읽은 독자에디터들의 소감

독자에디터는 이 책의 초안을 검토하고, 수정 및 편집 아이디어를 제공하고, 오탈자를 확인하는 등 독자 눈높이에 맞춰 더 나은 책을 만들도록 도와주셨습니다. 참여해주신 독자에디터 여러분께 깊은 감사를 전합니다. (수록은 가나다순)

웃다가 찡했다가, 마치 내 이야기 같았다. 책을 읽으며 나를 들여다보는 시간을 가졌고, 읽고 난 후에 바로 옷장 정리를 시작했다.

김수현 님(37세, 주부)

옷으로 스트레스를 해소하려 한다는 것도 이해되고, 정리해가며 나를 발견하고 치유한다는 것에도 깊이 공감합니다. 요즘 아이 책 정리 중인데 자극 받아서 더 힘내볼까 합니다.

선이 님(40세, 주부)

풍백이라는 이 여자, 데일리룩을 보면 분명 옷을 좋아한다. 그런데 갑자기 옷을 안 산대. 응원했다. 원피스 126벌에서 17벌만 남기고 다 버린대. 솔직히 불가능하다고 말렸다. 할 수 있다고 응원해 달란다. 그리고 결국 해내더라. 그걸 보고 반성했다. 난 왜 해보지도 않고 불가능하다고 겁을 먹고 있었던 걸까?

이세현 님(39세, 주부)

딱 1년만
옷 안 사고
살아보기

딱 1년만 옷 안 사고
살아보기

초판 1쇄 발행　2019년 3월 25일
초판 7쇄 발행　2020년 10월 27일

지은이　임다혜 (풍백)
그린이　김규아

발행처　잇콘
발행인　임효진
편　집　조창원
마케팅　신선한, 조희경
출판등록　2019년 2월 7일 제25100-2019-000022호
주소　경기도 용인시 기흥구 동백중앙로 191
팩스　02-6919-1886
디자인　onmypaper

ⓒ 임다혜, 2019

ISBN　979-11-966304-0-9 13320
값　　15,000원

● 이 책은 저작권법으로 보호받는 저작물로 무단전재 및 무단복제를 금합니다.
● 이 책의 전부 혹은 일부를 인용하려면 저작권자와 출판사의 동의를 받아야 합니다.
● 잘못된 책은 구입처에서 바꿔드립니다.
● 문의는 카카오톡 '잇콘출판사'로 부 탁드립니다.(아이디 itcon, 평일 오전 10시 ~ 오후 5시)

·················　　잇콘의 풍부한 콘텐츠를 다양한 채널에서 만나보세요　　·················

딱 1년만
옷 안 사고
살아보기

스트레스를
쇼핑으로 풀던 그녀,
비우고 다시 채우는
1년 프로젝트에 도전하다

임다혜(풍백) 지음

잇콘

PROLOGUE

어느 날 문득, 변화를 결심하다

매일 옷장 앞에 서면 이런 의문이 든다.
'입을 옷이 없네. 작년엔 도대체 뭘 입었던 거지?'
하지만 그런 말이 무색하게 옷장은 수많은 옷가지로 터져나갈 지경. 그 많은 옷 중에서 입을 만한 게 없다니, 나는 그동안 대체 무슨 생각으로 옷을 산 걸까. 어떤 것은 안 어울려서, 어떤 것은 유행이 지나서, 어떤 것은 너무 싸구려 같아서, 그리고 어떤 것은 몸에 맞지 않아서…. 어차피 입지 못할 옷 천지인데 나는 왜 이것들을 끌어안고 있는 걸까.

남들과 똑같이 숨 가쁘게 살아왔다. 대학을 나와 취업을 했고 결혼도 했다. 적당히 신혼생활을 즐긴 뒤에 임신을 하고 아이를 낳았다. 그리고 모든 게 변했다. 20대 내내 커리어우먼을 꿈꿨던 나는 육아휴직이 끝난 뒤 고민 끝에 퇴사를 했다. 아이를 좀 더 보고 싶었다. 고등학생 시절 아르바이트부터 시작해 쉼 없이 달려온 나는 처음으로 잠시 멈추게 되었다.

그리고 어느 날 아주 사소한 계기로 '딱 1년만 옷 안 사기' 프로젝트를 시작했다. 특별히 충격을 받은 계기가 있었던 것도 아니고, 옷을 사면 안 될 일이 생긴 것도 아니다. 그냥 어느 날 문득 유리창에 비친 내 모습을 보고 이대로는 안 되겠다는 생각이 들었을 뿐이다.

그날부터 나는 목표를 달성하기 위해 블로그를 시작했다. 거창한 이야기를 기록하려던 건 아니고, 일단은 매일 무슨 옷을 입는지 찍어 올리기로 했다. 그렇게 하면 세 가지 효과를 볼 수 있으리라 기대했다.

1. 남들이 본다는 생각에 옷에 대해 좀 더 신중해질 것이다.
2. 기록을 통해 1년 동안 입지 않았던 옷은 정리할 수 있다.
3. 진짜 나에게 필요한 옷이 무엇이 필요한지 파악할 수 있을 것이다.

실제로 블로그는 큰 도움이 되었다. 결심이 흔들려서 옷을 사고 싶을 때, 무슨 옷을 입어야 할지 모를 때 블로그에 기록해놓은 것을 들여다보았다.

시간이 지나 자연스럽게 쌓인 기록을 돌아보니 그날의 충동적 결심은 단지 내 옷장만 바꿔놓은 게 아니라 인생의 많은 부분을 바꿔놓았다. 지난 1년간은 퇴사 후 멈춘 시간이 아니라 나를 들여다보는 소중한 시간이었고, 아이와 함께 성장하는 행복한 시간이었다. 사회적 성공만을 바라보며 달려왔던 나에게 꼭 필요한 시간이었다고 생각한다. 그 시간 동안 내가 얻은 쇼핑에 대한 깨달음, 옷 정리하는 법, 내 스타일 찾는 법 등을 이 책에 모두 담았다. 그 과정에서 나를 괴롭힌 고민과 시행착오까지 털어놓았다. 이 책을 보는 분들이 내 이야기에 공감하고 자신의 옷장을 열어보는 계기, 더 나아가 자신을 돌아볼 기회로 삼는다면 무척 기쁠 것이다.

2019년 봄을 앞두고
지은이 **임다혜**

PROLOGUE

어느 날 문득, 변화를 결심하다 _ 004

옷장 디톡스를 결심하다

PART 1

뭔가 잘못되어가고 있다 _ 012

오늘까지만 사는 거야 _ 016

나는 어떻게 살고 싶은 걸까 _ 020

내가 인터넷 쇼핑몰에 가는 이유 _ 023

오늘밤 '호갱'님은 나야, 나 _ 028

고작 천 원 싸게 사자고 _ 032

내 마음을 쇼핑으로 위로하지 말자 _ 035

사느라 힘들고, 버리느라 힘들고 _ 041

옷을 산 게 아니라 설렘을 샀구나 _ 046

마음을 다스리는 테크닉 _ 049

\# 쇼핑 욕구를 잠재워준 책들 _ 052

지름신을 이겨라

PART 2

데일리룩 사진으로 나를 알아가다 _ 058

매월 12일 자정을 맞이하며 _ 061

사기 전에 재고 파악부터 하자 _ 064

생각 없이 사면 손발이 고생한다 _ 067

유행 아이템을 사면 후회하는 이유 _ 070

목표는 사람들 앞에서 공표하자 _ 075

적립금의 유혹을 이겨내다 _ 080

가계부가 깨끗해지고 있다 _ 083

보물은 이미 당신 옷장 속에 있다 _ 086

안 사니까 마음이 편해졌다 _ 090

기분전환의 유혹을 이기다 _ 093

\# 공짜에 혹하지 말자 _ 096

문제는 옷이 아니라 나였어

PART 3

운동을 시작하다 _ 100

맨날 비슷한 옷만 입고 다녔네 _ 103

옷장은 내 생활을 보여주는 거울 _ 106

쇼핑 전에 나를 먼저 알자 _ 108

내가 원하는 내 모습을 고민하다 _ 111

나에게 맞는 헤어스타일 _ 118

옷이 아니라 몸에 투자하자 _ 122

내면의 소리를 듣다 _ 125

겉모습에 앞서 마음을 바꾸다 _ 130

남길 옷의 기준을 정하다 _ 137

외출복을 미리 지정해놓자 _ 140

내 몸부터 바로하자 _ 142

입을 게 없다?
옷장 정리가 필요할 때 _ 146

\# '애엄마 패션'을 위한 변명 _ 150

나를 돌아보는 옷장 정리

PART 4

쇼핑은 심리적인 문제다 _ 156

절대 못 버리는 건 없다 _ 159

옷 정리는 반성의 시간 _ 161

집에서 입는 옷 점검하기 _ 164

333 프로젝트를 시작하다 _ 166

1차 옷장 조사 _ 169

2차 옷장 조사 _ 171

원피스 129벌에서 17벌로 정리하기 _ 174

니트 75벌에서 21벌로 정리하기 _ 181

바지 47벌에서 16벌로 정리하기 _ 185

티셔츠 136벌에서 17벌로 정리하기 _ 189

카디건, 치마, 블라우스 단숨에 정리하기 _ 194

정리는 새로운 출발 _ 200

\# 1년 옷차림 정리 _ 205

비웠더니 넓어졌다

PART 5

조금씩 성장하고 있다 _ 210

비우면 나눌 수 있다 _ 213

나누면 얻는 것들 _ 218

정리하니 충분함을 알겠더라 _ 220

바로 지금 시작하라 _ 225

나의 정체성을 고민하는 기회 _ 228

집 안 정리는 마음 정리 _ 231

보기에 좋으면 기분도 좋다 _ 234

청소를 하니 풍경이 보인다 _ 237

마음에 드는 공간을 만드는 기쁨 _ 239

더 나은 사람이 되어가고 있다 _ 241

\# 정리한 옷, 버리지 않아도 된다 _ 244

EPILOGUE

내 변화를 나는 안다 _ 246

옷장 디톡스를 결심하다

PART 1

뭔가
잘못되어가고
있다

11월의 어느 날이었다. 결혼기념일을 앞두고 통장 잔고를 확인하고 있었다. 매년 결혼기념일이 되면 우리 부부는 자산 현황을 뽑아 이야기를 나눈다. 그런데 통장을 들여다보다 이상한 점을 발견했다. 마이너스 통장의 금액이 약간 늘어나 있었다.

'뭐지? 특별히 비싼 걸 산 적이 없는데?
계산이 잘못됐나?'

의아한 마음으로 가계부를 찬찬히 들여다봤다.

사용내역이라고는 만 원, 이만 원짜리뿐이었다. 그런데 소액을 다 합쳐보니 매달 3~5만 원씩 예산을 초과하고 있었다.
가랑비에 옷 젖는 줄 모른다는 게 이런 뜻이었나. 1년 치 가랑비를 합치니 명품까지는 아니더라도 브랜드 가방 하나는 살 만한 금액이었다.

쓴 것도 없는데, 싶어서 억울했다. 뭘 그렇게 샀는지 항목별로 묶어보니 식비, 책값 그리고 옷값이 범인이었다.
식비와 책값이야 그렇다 치더라도 옷값이라니! 매달 인터넷으로 싸구려 옷 서너 벌 산 게 전부인데. 아니, 조금 더 샀나?
그러고 보니 얼마 전 베란다에 설치한 행거가 두 번 무너지긴 했다.

고개를 들어 식탁 옆 유리창에 비친 내 모습을 보았다.
새로 산 옷들은 다 어쩌고 나는 매일 운동복만 입고 있나.
그마저 소매는 아이의 코딱지나 입가에 흘린 음식을 급히 닦아 더러웠다. 얼굴도 형편없었다.

아들이 걸음마를 시작할 때 내 얼굴에 풀썩 주저앉아 안경 코가 부러진 적이 있다. 그 후 나는 테와 코가 일체형인 두꺼운 뿔테 안경을 껴왔다.
여드름은 중학교 때부터 골칫덩어리였기 때문에 취직한 뒤에는 월

급이 들어오기만 하면 피부과에 달려갔다. 그동안 쭉 치료를 받고 약도 먹으면서 나아지고 있었는데 임신과 출산, 육아를 거치며 도로 아미타불이 되었다.

몸매는 출산 전에도 66 사이즈로, 날씬한 편은 아니었지만 그래도 뚱뚱하다는 생각은 하지 않고 살았다.
하지만 이게 웬걸. 모유수유를 끝내자마자 급속도로 몸이 불어나더니 77(L) 사이즈가 되어버렸다.

"왜죠?
가슴은 한 사이즈 줄었는데 왜 옷은 한 사이즈 늘어난 거죠?"

혼자 아무리 외쳐도 대답해주는 사람은 없었다. 연예인들은 출산한 달 만에 예전 몸매를 되찾던데…. 예전 옷은 안 맞고 인터넷에서는 죄다 '프리하지 못한 프리 사이즈'만 팔고 있으니, 77 사이즈 옷을 구하기가 힘들었다. 프리 사이즈는 '너의 옷 고를 자유는 여기까지야'라는 뜻이었나 보다. 그래서 내 몸에 맞기만 하면 일단 사서 쟁여놓기 시작했다.

머리카락은 애가 하도 쥐어뜯으니 하나로 질끈 묶은 지 오래다. 사실 아들의 백일이 지나면서 머리카락이 한 움큼씩 빠지기 시작하더니 머리에 작은 땜빵이 생겼다. 그것도 머리를 묶는 데 한몫했다. 뭔가 잘못되어가고 있다는 건 알았지만 어디서부터 무엇을 어떻게 해야 할지 알 수가 없었다.

그래, 옷 사봤자 예쁘지도 못할 거, 돈이라도 아껴야겠다.
일단 옷을 사지 말아볼까?
그렇게 충동적으로 옷 안 사기를 결심했다. '옷을 평생 안 살 순 없으니 딱 1년만 해보는 거야'라고 스스로를 다독이며.

오늘까지만
사는 거야

옷 안 사기를 결심하고 가장 먼저 한 것은 아이러니하게도 옷을 사는 것이었다. '이제부터 쇼핑 안 할 거니까 미리 사놔야 하지 않을까?' 하는 마음으로 급히 집을 나섰다.

폭풍 쇼핑이 시작됐다. 제일 먼저 간 곳은 '유니클로'다. 유니클로의 바지는 쫙쫙 늘어나니까. 하지만 몇 번 빨면 늘어나고 물이 빠지는 게 단점이다.

그래서 늘 세일을 기다렸다가 만 원 싸게 사지만 몇 번 입고 나면 늘어난 허리를 줄이느라 수선비가 또 만 원 나왔다. 그래도 아이를 안고 앉았다 일어설 때 무릎에 피가 통하지 않거나 뱃살에 버클이 파고드는 바지는 입을 수가 없다. 그런 나에게 구세주가 되어준 유니클로 바지를 네 벌 샀다. 모두 블랙 계열로.

겨울 필수품인 융기모 레깅스도 빠질 수 없다. 안쪽에 융기모를 덧댄 레깅스인데 따뜻하고 부드럽다. 레깅스는 바지 모양, 반바지 모양, 스타킹 모양으로 하나씩 샀다. 역시 모두 블랙 컬러다. 임신 전에는 레깅스는 쳐다보지도 않았었다. 이렇게 편한 걸 왜 몰랐을까.

그 다음은 신발이다. 이상하게 애 낳고 발 사이즈가 한 치수 더 커졌다. 부츠를 모두 버리고 낮은 굽, 높은 굽 구두를 하나씩 구입했다. 색깔은 역시 둘 다 블랙. 올해는 아들이 좀 더 클 테니 높은 굽을 다시 신을 날이 있으리라 기대했다.

그 외에도 기본 아이템은 미리 갖춰놔야 한다. 해마다 겨울이 되면 작년에 꼈던 장갑이 어디 갔는지 못 찾겠다. 그러니 장갑도 블랙으로 하나 사놓자. 아이 낳고 원피스는 한 번도 못 입었지만 왠지 내년에는 입을 수 있을 것만 같으니 터틀넥 원피스도 블랙으로 하나 사놔야지.

하지만 모두 블랙만 살 순 없지. 차콜 니트 원피스도 하나 사놓자. 아, 그런데 너무 모노톤만 샀어! 그럼 안 되지. 화사한 꽃무늬 원피스도 포인트로 하나쯤 있어야지. 그런데 이 원피스는 네이비가 제일 예쁘네? 블랙이 아니니까 괜찮을 거야.

며칠 전 백화점에서 입어보고 살까 말까 망설이다가 벗어놓고 왔는데 꿈에 자꾸 나오는 블랙 무스탕이 하나 있었다.
아니 난 진짜, 진짜로 안 사려고 했는데 다시 가보니 세일 중이다.

그래도 정말 안 사고 딱 한 번만 더 입어보고 포기하려고 했다.
그런데 점원이 너무 친절하게 그 사이즈는 하나밖에 남지 않아서 디스플레이용밖에 없으니 세일가에서 3만 원을 더 **빼주겠다는** 거다. 뭐라는 거야. 이것은 운명. 살 수밖에 없잖아?
그래, 1월이 내 생일이니까 미리 사서 겨울 내내 잘 입고 카드값은 생일에 받는 용돈으로 갚으면 되지.

집에 돌아와 생각해보니 문득 이게 무슨 짓인가 싶었다.
평소에 이런 식이니까 내가 옷은 많은데 입을 게 없는가 보다.
아시아인 중에 블랙에 어울리는 피부가 드물다는 소리를 들은 적이 있다. 나도 블랙만 입으면 안색이 안 좋아 보이고 여드름이 돋보이는데 왜 사고 나면 블랙인지.

그리고 당장 입지도 못할 옷들을 왜 이리 사들이고 있는지.

이게 뭐야. 불안감에 일단 사기나 하고. 이럴 거면 옷 안 사기 프로젝트는 왜 하는 거지? 진짜 불안한 건 왠지 이러고서도 내년이 되면 '프로젝트는 실패, 헤헷' 하면서 또다시 옷을 사들일 것 같은 예감이 든다는 거다.

하지만 사놓은 건 다 맘에 들었다. 반품할 건 없어 보였다. 앞으로 더욱 잘하는 수밖에 없다고 생각했다. 이미 뭔가를 잔뜩 사놓았으니 배수의 진을 쳤다고 생각하자.

나는
어떻게
살고 싶은 걸까

옷을 안 사기로 했으니 있는 옷을 입어볼까 하고 옷장을 뒤지다가 카키색 코트를 발견했다. 비싼 브랜드의 코트인데 2년 전에 폭탄세일을 할 때 사두었다.

결혼하기 전부터 옷만 사면 엄마한테 등짝 스매싱을 맞았기 때문에 옷을 사면 몰래 옷장에 걸어놓고 나중에 '원래 있던 옷'이라며 꺼내 입는 습관이 있었다. 아이 낳고 싼 기저귀 찾는다고 인터넷을 뒤지다가 이 코트를 발견하고는 '진짜 싸다! 모(毛)가 50% 넘게 들어가 있는데 이 가격 실화?'라며 사서 몰래 걸어놓고는 나도 잊어버린 것이다.

그런데 코트를 꺼내자마자 단추 하나가 똑 떨어졌다.
일단 입고 집을 나섰는데 가는 길에 단추가 또 하나 떨어졌다.
'아, 싸게 샀다고 이러기냐' 싶은 마음으로 떨어진 단추를 보다가 갑작스런 반성의 시간을 가졌다.

지난겨울 남편이 사준(사줬다기보다 내가 고르고 결제만 해준) 5만 원짜리 코트는 보풀이 너무 심해져서 올해는 못 입게 되었다.
얼마 전에는 남편이랑 번갈아가며 쓰던 회색 목도리가 다 닳았기에 버리고 안 쓰던 다른 목도리들을 꺼내봤다.
그런데 하나같이 지하상가에서 '만 원이면 싸다'며 생각 없이 산 것들이라 어찌나 아크릴실이 번뜩이던지 차마 두르고 나갈 수가 없었다.
그런 싸구려 목도리가 그 돈 다 합치면 좋은 거 하나 살 만큼 많았다.
과거의 나여, 왜 그랬느냐.

얼마 전에 아침방송을 보다가 ==패션은 '어떤 삶을 살아야겠다는 의지를 나타내는 것=='이라고 하는 말을 들었다. 나는 그때그때 싸다고 생각 없이 사버리는 인생이었나 보다.

이제 직장은 없고 앞에 놓인 시간은 많은데, 나는 어떤 삶을 살고 싶은 걸까? 이대로 아줌마가 되어버리는 건 아닐까? 싱글로 회사에 계속 다니는 친구들은 승진했던데…. 불안하고 막막하다.

내가
인터넷 쇼핑몰에
가는 이유

직장 다닐 때는 밤에 자려고 누우면 '내일 뭐 입지?'를 고민했다.

'옷장에 옷은 많은데 입을게 없네.
맨날 똑같은 옷만 사서 그런가?
작년엔 도대체 뭘 입고 다녔던 거지?'

그러다 패션잡지를 뒤적인다.
참고할 만한 게 없을까 해서다.

'아니 아니, 이건 너무 하이패션인데.
좀 더 현실적인 스트리트 패션 잡지를 볼까?'

'음… 예쁘긴 한데 너무 개성이 넘치네.
너무 튀고 싶지는 않고 적당히 입고 싶은데.'

그러다 찾는 곳이 인터넷 쇼핑몰이다.
쇼핑몰에는 좀 더 현실적인 착장 사진이 많아서 도움이 된다.

'그래, 이거지. 나 이거 하나만 사면 이렇게 입을 수 있을 것 같아.
이거랑 이거는 비슷한 게 집에 있으니까…'

결국 나는 '구매하기'를 클릭하고 있다.

주로 이런 패턴이었다.
나에게 인터넷 쇼핑몰은 아주 실용적인 패션잡지의 역할까지 하는 셈이다. 어떤 옷을 어떻게 입을까 항상 고민하는 사람에게 인터넷 쇼핑몰은 좋은 참고자료가 된다.
그런데 문제는 그것이 구매로 이어진다는 사실이다.

패션잡지에는 주로 고가의 옷이 소개되지만 인터넷 쇼핑몰에는 크게 부담 없는 가격대가 많다 보니 더 쉽게 사게 된다.
더군다나 요즘 결제 시스템이 좀 편한가.
==이 모든 유혹에 맞서려면 보통 내공이 필요한 게 아니다.==
그리고 나는 내공이 하나도 없었다.

오늘밤
'호갱'님은
나야, 나

어제는 아이를 안아주다 허리를 삐끗해서 하루 종일 누워 있어야 했다.
할 일이 없으니 손이 저절로 인터넷 쇼핑몰로 향했다.

'옷을 안 사기로 했으니까 신발은 괜찮겠지?'

곧 봄이니 봄에 잘 어울리는 옥스퍼드화를 하나 결제했다.
그런데 오늘 아침에 쇼핑몰에서 전화가 왔다.

"고객님, 주문해주신 화이트 옥스퍼드화가 지금은 생산이 안 되고 봄에 리뉴얼되서 새로 나온다고 해요."
"아, 괜찮아요. 저는 기다릴 수 있어요."
"그래도 봄이 되려면 몇 개월 기다려야 하는데, 괜찮으세요?"
"네, 전 3~4개월 정도는 기다릴 수 있어요. 어차피 지금 안 신어요."
"네, 고객님. 그럼 그렇게 해드릴게요. 감사합니다!"

나는 쇼핑몰에 관대한 편이라 하자가 있어도 대충 그냥 쓰고, 이런 경우에도 마냥 기다리는 편이다. 싸게 샀으니 어쩔 수 없다는 마음인 것이다. 그래도 헛헛한 마음에 신발장에서 그동안 사놓고 한 번도 안 신어본 신발을 몇 개 꺼내 신어보았다.

'아니, 근데 이건 화이트 옥스퍼드화?'

신발장 속에 흰색 옥스퍼드화가 버젓이 들어 있는 게 아닌가.

'아냐, 아냐. 있는데 또 산 게 아니라고. 저건 그냥 신발이고 이번에 주문한 건 키높이 구두잖아. 나는 키도 작은데 다리까지 굵으니까 신발 속에 굽이 있어야 그나마 보기 좀 낫더라고. 그 사실을 굽 없는 걸 산 다음에 깨달았을 뿐이라 어쩔 수 없었다니까? 오히려 굽

없는 걸 샀던 경험이 있었기 때문에 알 수 있었던 거라고. 헛된 게 아니었어.'

그런데 이 신발은 왜 몇 년을 신발장에만 있었던 걸까. 옥스퍼드화가 왜 두 켤레나 있어야 하는지 스스로를 설득하려고 했지만 잘 되지 않았다. 지금이라도 취소하는 게 낫겠다 싶었다. 결국 새로 산 신발을 취소했다.

그런데 다음 날 예상하지 못한 일이 벌어졌다. 아들 검정바지를 사러 동네 아이 옷집에 갔는데 그 집이 엄마 옷도 같이 파는 집이었다. 가게 주인은 다음 주에 신상이 들어오기 때문에 하나씩밖에 안 남은 신발들을 처분해야 한다고 했다.
그러면서 '이건 거저 주는 거'라며 싼 가격에 신발 두 켤레를 주겠다고 했다. 그렇게 정작 아이 옷은 품절로 사지 못하고 235㎜와 245㎜ 신발 두 켤레를 사 왔다.
그런데 내 신발 사이즈는 240㎜인 게 함정.

막상 집에 오니 마음이 불편했다.
분명 옷을 산 건 아닌데 왜 이토록 양심에 찔리는지….
하나를 사더라도 좋은 걸 사자는 다짐을 깼기 때문인가?
블로그에 적자니 다른 사람들 보기에도 창피하기 때문인가?

옷을 안 사기로 했다 뿐이지 다른 항목에서 똑같은 짓을 반복하고 있는 스스로가 한심하기 때문인가? 아마도 셋 다인 것 같다.
자기 전에 블로그에 고백할 생각을 하니 암담했다.

==옷 안 사기 프로젝트 시작 전만 해도 이런 걸로는 양심에 털끝만큼도 상처받지 않았는데 그나마 변화가 있다고 스스로를 위로했다.==
싸기도 하고 이미 교환이나 환불도 안 되니 기왕 산 거 잘 신어보자고 생각했다. 그리고 앞으로는 이런 일이 없도록 해야겠다고 다짐하며 잠이 들었다.

그런데 다음 날, 나는 알고 말았다. 어제 그 신발들은 알고 보니 거저(에 가까운 가격에) 가져온 게 아니었다. 인터넷 최저가도 그 정도 가격이었다. 특히 한 신발은 올해도 아닌 작년에 나온 한 명품 브랜드의 디자인을 카피한 것이며, 신고 다닐 수 있는 트렌드의 유통기한이 이미 지났다는 걸 알게 되었다.

나는 옷가게 주인의 '호갱'이었구나.
애꿎은 이불을 차며 반성의 시간을 가졌다. 신발 두 켤레는 사이즈가 맞는 엄마와 동생에게 하나씩 주고 말았다. 아까운 내 돈!

고작
천 원 싸게
사자고

사실 나는 옷 말고는 그다지 욕심이 없다.

그릇은 결혼할 때 마련한 것만 쓰고 찬장이나 냉장고도 꽉꽉 채우지 않는다. 한두 군데 비어 있지 않으면 불안할 정도다. 대형마트는 복잡해서 안 가고 그때그때 필요한 것만 집 앞 슈퍼에 가서 산다. 귀금속에도 관심 없고 화장품은 2년째 '피지오겔'만 쓴다.

그런데 옷 말고 잠깐 집착했던 것이 있다. 바로 유모차다. 육아에 대해선 아무것도 모르다가 임신 후 기저귀며 육아용품에 관해 처음 보고 들으니 혼란스러웠다. 마케팅은 또 어찌나 엄마들을 부추기는

지 조급증까지 더해졌다. 그중 유모차가 절정이었다.

처음엔 저렴한 P 제품을 알아보기 시작했다. 그러다 유모차를 놓쳤을 때 안전한 정도를 실험했더니 유일하게 통과했다는 R 제품을 알아봤다. 그 다음은 뭐, 고급 유모차의 향연이 이어졌다.

'맘카페'를 드나들며 노트에 여러 유모차의 장단점을 적고 비교하기 시작했다.
특히 비싸다고 소문난 브랜드의 유모차를 구매하는 사람들이 말하는 이유가 그럴 듯했다. 유모차가 작으면 아이 뇌가 흔들려서 머리가 나빠진다나?
유모차는 시트가 높아야 흔들림이 적다고 했다. 돌이켜보면 충분히 의심이 가는 이야기지만 그때는 다들 진지했다.

제품을 정하기만 하면 다가 아니었다. 여기저기 비교해서 베이비페어에서 최저가로 샀다고 카페며 블로그에 구매인증 글이 넘쳐난다. 잠깐 한눈판 사이에 핫딜이 지나갔다며 다음 일정은 언제냐, 다른 게 쿠폰 쓰면 더 싸지 않나, 차라리 중고로 사볼까, 제값 다 주고 사면 나만 호구될 것만 같은 느낌에 점점 빠져들었다.

아기 볼 시간에 휴대폰만 보는 생활이 2주 넘게 지속됐다.

머리는 터질 것 같은데 섣불리 샀다가 더 싸게 살 수 있는 기회를 놓칠 것 같았다. 나름 큰 금액이다 보니 결정 장애가 왔다.

결국 어느 날 머리가 너무 아프고 갑자기 이게 뭐하는 짓인가 싶어 맨 처음 봤던 가장 싸다는 P 제품으로 결정했다. 그리고 다시는 인터넷에서 유모차를 찾아보지 않았.
친정엄마가 이런 거 없던 때에도 딸 셋 멀쩡히 잘만 키웠다고 한마디 던진 게 결정타였다.

유아용품은 불안감을 부추기는 상술이 대단한 것 같다. 이걸 안 쓰면 나쁜 엄마, 애한테 신경 안 쓰는 소홀한 엄마가 되는 듯한 기분이 들게 한다.
인터넷 커뮤니티에서는 마치 누가 더 싸게 샀나 경쟁하는 것 같다.
막상 아이를 키우다 보니 명확한 내 기준을 갖는 게 가장 중요하다는 걸 알게 되었다.
이후로는 뭐든 '아무것도 없던 시절에도 애 잘만 컸다(= 내 기준)'고 되뇌며 적당한 선에서 사고 있다.

제일 억울한 건 좀 싸게 사겠다고 그동안 내 시간을 날린 것이다.
==천 원 싸게 샀다고 좋아했지만 그러느라 날린 내 시간이 천 원어치는 넘지 않나?==

내 마음을 쇼핑으로 위로하지 말자

곧 후배 결혼식이 있다. 그런데 옷장을 열어보니 입을 옷이 없다. 이상하다. 분명 장롱은 꽉 차다 못해 옷이 흘러넘치고 있는데.

우리 집에는 옷방이 따로 있고 거기에는 장롱이 3칸 있다.
그중 2칸은 내 옷, 1칸은 남편 옷이다. 2칸 모두 위아래로 나뉘어져
원피스/긴팔 블라우스/여름 블라우스/카디건이 들어 있다.
옷걸이 하나에 옷을 3벌씩 걸어서 수납해놨다.

장롱 맞은편에는 작은 행거가 하나 있는데, 거기에는 하나에 3벌씩 걸 수 있는 특수 옷걸이에 치마가 6벌씩 걸려 가득 걸려 있다. 역시 주부에게 중요한 건 가성비지.

베란다에는 행거를 2단으로 설치해서 위에는 겨울 코트, 아래는 가을 아우터를 걸었다. 그 옆으로 기존에 있던 책장에 수납상자를 넣어 반바지, 머플러, 목도리 등을 넣어두었다.

아직 끝나지 않았다. 행거 밑 수납상자에 내가 사랑하는 니트들이 6상자 정도(부피가 크다 보니) 들어 있다. 이렇게 적어보니 많아 보이지만 이것도 이사 올 때 3분의 1가량 벼룩시장으로 넘기거나 버린 것이다. 긴팔과 반팔 티셔츠, 속옷, 양말 등은 안방에 있는 대형 서랍장에 따로 정리해놓았다.

남편 옷은 장롱 한 칸에 다 들어간다. 위에는 겨울 코트, 점퍼, 셔츠, 정장들을 걸고 아래에는 티셔츠, 니트와 바지들을 접어 넣어놓았다. 그중 일부는 내 바지가 잠식했는데 아직 눈치 채지 못한 것 같다.

어쩔 수 없었다.

나는 어릴 때 지지리도 가난하다가 직장에 다니면서 겨우 월급이란 걸 받게 되었다. 그러다 보니 뭔가 에너지가 폭발했다.
게다가 내 회사생활은 어느 누구와 이야기해도 지지 않을 정도로 스트레스가 많았다.

여자라는 이유로 내가 만든 보고서 발표회에 들어가지 못하고 후배 남직원 대신 남아서 전화나 받으란 소리를 들었을 때, 상사가 내 보고서를 자기 이름으로 바꿔서 올릴 때, 시키는 대로 했는데 일이 잘못되니 나에게 지시했던 과장이 공개적인 자리에서 나한테 덮어씌울 때…. 스트레스 받을 때마다 나는 퇴근길에 한가득 쇼핑을 하게 되었다.

제일 많이 샀을 때는 임신했을 때였다.
임신 중에도 나는 격무와 야근에 시달렸다.
벙벙한 임신복은 전혀 좋아하는 스타일이 아니었기 때문에 배가 불렀을 때 입을 옷을 신경 써서 샀다. 거기에다 허리 부분이 딱 붙는 스타일의 옷은 아이 낳은 후 입겠다며 또 따로 샀다.

요즘 세상에 진짜 입을 옷이 없어서 사는 사람이 어디 있겠는가. 솔직히 그냥 사고 싶어서 사는 것이다.
그렇지만 매일 아침이면 입을 옷이 없었고, 그래서 '필요'에 의해 쇼핑한다고 생각했다. 회사도 스트레스인데 옷 입을 때만은 스트레스 받고 싶지 않다는 마음도 컸다. 같은 디자인인데 색이 고민되면 그런 것까지 고민하기 싫다며 색깔별로 그냥 다 사버렸다.
고민 없이 사고 입은 결과로, 옷은 많지만 정작 옷을 잘 입는 축에 끼지는 못했다.

그러다 아이를 낳고 회사를 그만뒀다. 블라우스와 정장치마가 산더미인데 입을 일이 없었다.
그런데 당장 집에서 입을 옷도 마땅치 않았다. 코트도 죄다 정장코트이고 치마는 아이 낳고 찐 살 덕분에 들어가지 않았다. 하지만 하나씩 꺼내보면 다 멀쩡해서 버릴 수도 없었다.
저 옷들을 다시 입기 위해서라도 회사를 다닐까, 하는 어이없는 생각도 잠깐 해봤지만 일단 지금 할 수 있는 일은 더 이상 옷을 늘리지 않는 것이라고 생각했다.
==더 이상 내 마음을 위로하는 일을 쇼핑으로 대신하지 않겠다고 다짐해본다.== 다른 취미를 찾아봐야겠다.

사느라 힘들고,
버리느라 힘들고

블로그에 내 옷장에 대한 글을 올렸는데 댓글을 보니 용돈 내에서 어떻게 그 많은 옷을 샀는지 궁금해하는 분들이 꽤 있었다.
자, 일단 아이 낳기 전 나의 동선은 이랬다.

우선 내가 다녔던 회사가 여의도에 있었다. 여의도에는 건물 사이사이에 오피스룩을 파는 옷가게가 많다. 가격대가 아주 싸지는 않지만 백화점 브랜드보다는 싸다.
그리고 아무래도 직장인 밀집 지역이다 보니 종종 빈 상가에서 며칠 동안 '브랜드 떨이 세일'을 할 때가 있다.

더 큰 문제는 직장 바로 앞에 IFC몰이 생겼다는 사실. 회사 바로 앞 건물이라 밥을 먹을 때도, 잠깐의 휴식을 위해 커피를 마실 때도 IFC몰로 가게 되었다. 게다가 퇴근길에도 IFC몰을 그냥 지나치지 못했다.

IFC몰에 입점되어 있는 SPA 브랜드에서는 계절이 바뀔 때마다 폭탄 세일을 한다. 2천 원짜리 티셔츠도 있고 재킷을 만 원에 건진 적도 있다. 스트레스 받을 때 오며 가며 커피 한잔 값으로 기분전환 삼아 하나씩 사들였다.

당시 집이 인천이라 여의도에서 버스를 타고 영등포 역으로 가서 지하철로 갈아타야 했다. 이때 버스에서 내리는 곳이 바로 영등포 타임스퀘어와 지하상가가 있는 곳이었다. 여기서도 쇼핑의 유혹이 이어졌다.

겨우 영등포역을 지나 지하철을 타고 부평역에서 하차하면 마을버스를 타고 집으로 가야 한다. 그런데 지하철 1호선에서 내리면 인천 최대 규모라는 부평지하상가를 거쳐야 버스 정류장까지 갈 수 있다.
이래도 지하상가 싸구려 옷에 중독된 나를 탓할 것인가! 나도 자본주의의 피해자다! 네… 저는 합리화과 수석 졸업생입니다.

나 같은 박봉의 월급쟁이는 쇼핑을 하기 전에 백화점과 지하상가를 두루 봐야 한다. 일부 백화점 브랜드에선 일명 '태그tag갈이'라고 해서, 보세 옷 중에 괜찮은 것을 골라 브랜드 태그로 바꿔치기해서 파는 일이 있다는 소문을 들었다. 실제로 여성복 브랜드에서 20만 원대에 팔던 원피스를 지하상가에서 5만 9천 원에 산 적이 있다. 벨트나 단추 등 부속 모양까지 일치했다.

또 파워숄더나 나팔소매처럼 유행하는 품목은 그 해만 지나면 촌스러워 보여서 못 입으니 싸게 사서 입고 버려야 한다. 지하상가의 옷들은 유행 품목을 싸게 사서 한철 입기에 적합하다.

이게 끝이 아니다. 지금의 남편이자 당시 남자친구의 직장은 가산디지털단지였다. 큰 아울렛을 여러 개 지나쳐야 남자친구의 직장이 나왔다. 그의 퇴근이 늦어져 데이트에 늦어도 나는 괜찮았다. 기다릴 곳이 있으니까, 우후후.

아울렛에는 아울렛 전용 제품이 있다.
관련 직종에 있던 지인이 말하길 보통 판매가 약간 부진했던 제품이 아울렛에 들어가는데 제품의 다양화를 위해 인기상품을 살짝 변형해 같이 판매하기도 한단다.
그렇기 때문에 마음에 드는 옷을 발견하면 태그에 있는 품번을 먼저 검색해봐야 한다. 원래 비싼 걸 싸게 파는 건지, 원래 싸게 만든 아울렛 전용 제품인지 확인하는 것이다.

특히 나는 재질에 자주 무너졌다. 폴리에스테르 100% 코트를 보면 '이런 거 살 바에는 지하상가가 더 싸지' 하고 포기했다. 하지만 그런 일은 별로 없고 보통은 이렇다. '뭐? 알파카가 포함된 천연소재 100% 코트인데 10만 원밖에 안 해?' 이런 경우가 자꾸 생겼다. 재질에 비해 싸다고 느끼면 사고가 정지된다.

하지만 역시 가장 자주 찾은 건 인터넷 쇼핑몰이다. 출퇴근할 때 휴대폰으로 짬짬이, 점심시간에 짬짬이 쇼핑을 했다. 검색창을 켜면 하단에 쇼핑몰 사진이 뜨면서 자연스럽게 손이 간다. 요즘은 결제도 너무 쉽다.

인터넷 쇼핑을 몇 번 하다 보면 감이 잡힌다. 나는 가슴반품 42~46cm가 맞구나, 허리는 76cm, 힙은 96cm, 상의 총장은 58~62cm이 적당하구나, 원피스는 총장이 80cm대면 너무 짧구나, 치마 길이 40cm면 너무 짧아서 엄마가 내 머리를 밀어버리겠구나. 처음엔 거의 다 실패해서 버렸는데 몇 번 반복하니 내 사이즈를 알 수 있었다.

또 인터넷 쇼핑몰은 주로 재고떨이를 위해 2월 중순엔 겨울옷 세일을, 8월 중순엔 여름옷 세일을 크게 한다. 사이트별로 같은 물건도 값이 다르니 키워드를 찾아 가격을 검색하는 것은 기본이다.

생일 때 할인쿠폰을 주는 쇼핑몰도 많다. 다만 세일 때는 쿠폰 중복 할인이 안 되니 가입할 때 사이트마다 생일을 다르게 썼다. 주로 신상이 들어와서 많이 사게 되는 3월 초중순, 9월 초중순에 집중해서 가짜 생일을 적었다. 월마다 한두 개의 쇼핑몰이 걸리게끔 가입할 때 생일을 다양하게 적는 것이다.

사방이 내 지갑 털어가려는 유혹으로 둘러싸인 세상이다. 이제까지는 이렇게 사야 알뜰하게 사는 건 줄 알았다.

그렇게 생각해보면 싸게 사는 게 아니라 그냥 '안 사면' 될 텐데 왜 그리 고생고생해서 돈을 썼을까. ==안 사면 돈도 아끼고 시간과 공간도 아낄 수 있다.== 버리기 위해 시간과 노력과 돈을 또 투자해야 하는 일도 없다.

옷을 산 게
아니라
설렘을 샀구나

옷 안 사기에 도움이 될 만한 책이 있나 찾다 보니 정리나 미니멀리즘에 관한 책을 많이 접하게 되었다. 그런 책들을 읽어보고 내린 결론은 단순히 물건 정리가 문제가 아니라 생각과 라이프스타일을 아예 바꿔야 한다는 것이다.

애초에 살 때 신중하게, 하나를 사더라도 고급으로, 그렇게 산 것들은 특별한 날을 위해 아껴두는 게 아니라 평소에 가까이 두고 사용하자는 말이 여러 책에서 반복됐다.

싸구려 옷만 사고 뭔가 부족한 것 같아서 사고, 사고, 또 사고, 그러다가 나중에 그 돈 다 합치면 좋은 거 하나 살 돈이 나오는 거다.

사실 몰랐던 것은 아니다. 실천이 잘되지 않을 뿐이다.
예를 들어 어느 봄날 외국 파파라치 컷을 보고 헨리넥 화이트 티셔츠에 '꽂혔다.' 똑같은 건 없으니 비슷한 걸로 검색해서 일단 당장 입을 티셔츠 하나를 샀다.
그런데 입다 보니 왠지 그 사진 같은 느낌이 아닌 것 같아 더 검색하거나 쇼핑을 나가서 두세 개를 더 샀다. 새로 산 것을 입고 다니면서도 더 좋은 건 없나 몇 달을 뒤져 더 많이 구입했다.

이런 경우 최종적으로 '이거다' 싶은 게 나타나면 그것만 남기고 나머지는 다 버리게 된다. 하지만 끝까지 안 나타나면 무한반복이다.
내 쇼핑 방식은 항상 그런 식이었다. 그러다 보니 가짓수는 많은데 딱 입고 나갈 만한 결정적 한 방이 없다.

이런 쇼핑 방식은 여러 개를 계속 사다 보니 정작 좋은 걸 발견했을 때는 돈이 없어 구입하지 못한다는 결점을 갖고 있다.
그리하여 다 합치면 명품 가방 몇 개 살 만한 중저가 가방이 몇 개씩 쌓인다. 이사하면서 여기저기 나눠주고도 베이지색 트렌치코트가 5벌이나 남았다.

'하나를 사도 제대로 된 걸 사자!'라고 항상 다짐한다.

그리고 쇼핑을 할 때도 '이거야말로 제대로 된 것!'이라는 확신을 갖고 산다.

그런데 시간이 지나면 '이게 아닌 것 같다'는 생각에 다시 쇼핑에 나서게 된다. 이런 흐름이 반복되는 것이다.

==이제 와 생각해보니 나는 옷을 산 게 아니라 더 나은 내가 될 수 있을 것 같다는 '설렘'을 샀던 것 같다.==

그 설렘은 집 옷장에 옷을 거는 순간 사라져버린다. 그리고 더 좋은 것이 또 어딘가에 있을 것 같은 새로운 설렘이 찾아온다.

어느 책에서 설레지 않는 건 버리라는 말을 봤다.

그동안 나는 고민 없이 일단 사놓고 나중에 정리하면 된다고 생각했다. 하지만 정리가 되기는커녕 점점 노폐물이 쌓여가는 느낌이었다. 몸을 디톡스 하듯 옷을 안 사는 것으로 옷장을 디톡스 해보자! 그렇게 다짐했다.

마음을
다스리는
테크닉

옷 안 사기 프로젝트를 결심하고 갖고 있던 옷들을 꺼내 입어보면서 깨달은 것이 있다. 나중에 입겠지 싶어 사뒀던 옷들이 어느새 안 어울리게 되었다는 것이다.

쇼핑을 10년 넘게 했으니 나한테 잘 맞는 것, 잘 어울리는 것, 내가 좋아하는 것을 고르기 쉽다고 생각했다. 그래서 평소 좋아하던 '샤랄라'한 옷은 입어보지도 않고 척척 구매하곤 했다.
그 습관이 남아 임신, 육아 기간에도 쇼핑몰에 가면 지나치질 못하고 '애 다 키우면 입으리라' 하며 일단 사고 봤었다.

그런데 이번에 사났던 걸 하나씩 꺼내보니 리본이며 핑크며 플레어 등이 전혀 어울리지 않았다. 옷이 어려 보이니 상대적으로 얼굴이 더 늙어 보였다. 나이를 먹은 것이다.

평소엔 허름한 티와 바지를 입으면서도 쇼핑을 할 때는 습관적으로 여성스러운 옷을 '내 스타일이네' 하며 사고 있었다.

생각해보면 나는 항상 그랬다. 20대 후반이 되니까 사회초년생이었던 20대 중반에 즐겨 입던 옷은 못 입겠다 싶었다. 20대 중반에는 또 학생이었던 20대 초반에 입던 옷은 못 입겠다 싶었다.
3년도 못 입을 옷을 살려고 그렇게 많은 돈을 들였다니, 반성하며 앞으로는 옷에 돈 쓰는 것에 대해 좀 더 신중해지기로 했다.

가네코 유키코의 《사지 않는 습관》이라는 책을 보니 절약에는 이런저런 테크닉이 필요하지만 사지 않는 건 그냥 안 사면 되니까 얼마나 쉽냐고 쓰여 있었다. 하지만 나는 마음속으로 외쳤다.

'내 마음을 다스리는 테크닉이 필요하다고요!
그게 어렵다고요!'

그 테크닉을 궁리하다 눈앞에 당근을 매달기로 했다. 6개월째 옷 안 사기에 성공했을 때와 1년째 성공했을 때 스스로에게 상품을 주기로 한 것이다. 상품은 30대 중반이 넘어서도 잘 어울려서 오래오래 입을 수 있는 옷으로 고민했다.

그 결과 6개월째 성공하면 원피스 한 벌을 사고 1년째 성공하면 생활한복을 맞추기로 결정했다. 나는 예전 드라마 〈궁〉과 〈불멸의 이순신〉 팬이었기 때문에 한복에 대한 로망이 있었다.
이렇게 정하고 나니 매일 어떤 디자인으로 맞출까 고민하느라 행복하다. 그 기운으로 옷을 안 사고 버틸 수 있을 것 같다.

쇼핑 욕구를 잠재워준 책들

결심은 쉽게 허물어지고 합리화는 쉬운 법이다. 옷 안 사기 프로젝트를 시작하면서 마음을 단단히 다잡을 필요가 있었다. 그래서 쇼핑 욕구를 잠재워줄 만한 책들을 찾아보았는데 실제로 큰 도움이 되었다.

《프루걸리스타 다이어리》
나탈리 P. 맥닐 저, 네모난정원

부제는 '깐깐하게 쓰고 폼 나게 살자'이다. 30대 직장 여성이 정신없이 물건을 사들이다가 카드빚이 엄청난 걸 깨닫고 아껴나가는 생활을 블로그에 연재하여 책으로 엮었다.

'프루걸리스타Frugalista'란 검소함을 의미하는 '프루걸frugal'과 '패셔니스타fashionista'를 합성한 신조어로 깐깐하게 소비하고 폼 나게 사는 사람들을 뜻한다. 이 단어는 옥스퍼드 사전에까지 등재되었다고 한다.

옷 안 사기 프로젝트에 특별히 도움이 되는 항목은 없어서 약간 아쉽지만 역시 공감 가는 부분이 많고 읽기 편한 책이다. 옷 외에도 외식이나 네일케어 등 전반적인 절약에 대해 나오며 그런 세세한 것들이 모여 큰돈을 절약할 수 있다는 교훈을 준다.

《쇼퍼 홀릭 누누 칼러, 오늘부터 쇼핑 금지》
누누 칼러 저, 이덴슬리벨

이 책을 읽어 보니 왠지 나도 할 수 있겠다는 생각이 들었고 공감되는 부분이 상당히 많았다. 방바닥에 옷의 산이 있다던가, 특정한 색의 옷은 무조건 사게 된다던가, 이 아이템을 놓치면 다신 못 살 것 같은 절박감이 든다든가 하는 대목이 그랬다. 누구나 인정하는 쇼퍼 홀릭이 마음을 고쳐먹고 실천하며 때론 흔들리지만 결국 해낸 내용을 블로그에 썼고, 그 글들을 모아 책으로 엮었다. 책을 사두고 마음이 흔들릴 때마다 봐야겠다고 다짐했다. 나도 옷을 사는 대신 누누 칼러처럼 뜨개질을 해볼까 하다가 나는 단순, 반복 작업을 지지리도 못해서 십자수도 못한다는 사실을 깨닫고 접었다. 괜히 뜨개질 검색하다가 유행하는 루피망고 모자만 사고 싶어졌다는 게 함정.

《여자의 인생은 옷장 속을 닮았다》
브렌다 킨셀 저, 웅진윙스

이 책이야말로 옷 안 사기 프로젝트에 제일 적합한 책이었다. 내용도 알차고 마음에 와 닿는 내용에 저자의 유머 감각까지 더해져서 읽다 보면 '맞아, 크크' 하고 키득거리게 된다. 특히 '당신은 정가만큼의 가치가 있다'는 구절이 마음에 들었다. 세일이니까, 싸니까 옷을 사는 건 술 먹고 남자를 만나는 것과 같다고 말한다. 그러니까 가격에 현혹되지 말고 정신 똑바로 차리고, 세일가가 아니라 정가였어도 살 만한 옷을 사라는 이야기에 나도 모르게 고개를 끄덕이고 있었다.

《적게 벌어도 잘사는 여자의 습관》
정은길 저, 다산북스

사실 이 책은 전에 읽은 적이 있었다. 그때는 '진짜 대단하다. 그런데 나는 이렇게는 못 살 것 같아'라고 생각했었다. 식비를 아끼기 위해 그냥 다이어트를 한다거나 옷값을 아끼기 위해 재봉틀을 배워 옷을 만들어 입는다니 말이다. 심지어 그 옷들을 판매하여 수익을 창출하다니! 내가 이런 경지에 오르긴 힘들겠지만 마음이 해이해질 때 자극을 줄 수 있는 책이다.

《수납 다이어트》
가네코 유키코 저, 소울

'적은 물건으로 생활하고자 할 때 특히 중요한 것은 매일 사용하는 물건의 질을 향상시키는 것이다. 반드시 비싼 물건이나 고급품을 사용할 필요는 없지만, 정말로 마음에 드는 물건, 혹은 사용하면 기분이 좋아지는 물건만을 고르도록 하자.'
저자는 가장 먼저 수건과 비누를 추천한다. 이것들은 선물이나 증정품으로 받는 경우가 많다. 이런 것들을 쌓아두기보다는 굳이 자신이 고른 물건들을 사용하라고 말한다. 고작 수건과 비누지만 내가 나 자신을 위해 고른 것을 사용하는 태도가 자신을 아끼는 마음으로 이어진다는 것이다. 그러면 시시한 물건들이 집 안에서 차츰차츰 줄어들기도 한다.
저자는 이처럼 마음속 만족도를 항상 높은 수준으로 유지하면 시시한 쇼핑으로 스트레스를 발산하거나 마음속 빈틈을 메울 필요가 없어진다는 말도 덧붙인다.
읽는 내내 '그래, 하나를 사도 싸구려 말고 좋은 걸 사자! 좋은 걸 사서 나를 위하는 기분을 만끽하고 오래 아껴가며 쓰자!'고 다짐하게 만드는 책이었다.

《인생이 빛나는 정리의 마법》
《버리면서 채우는 정리의 기적》
《인생의 축제가 시작되는 정리의 발견》
곤도 마리에, 더난출판사

워낙 유명한 정리 컨설턴트 곤도 마리에의 정리 시리즈. 읽고 나면 갑자기 옷장 정리를 하고 싶어지고 마음이 설레기까지 한다.

옷장 정리를 한 번 해볼까 해서 옷 상자를 열어보았다. 분명 얼마 전 이사 오면서 옷을 엄청나게, 진짜 엄청나게 처분했기에 이번엔 얼마 안 걸리겠지 했는데…. 첫 번째 상자와 두 번째 상자에 똑같은 줄무늬 니트가 하나씩 있는 걸 보고 급히 다시 닫았다. 뭐지? 내가 왜 이런 짓을? 근데 유니클로 회색 브이넥 니트는 왜 또 두 개나 있는 거지?

옷장 정리는 이 놀란 마음이 진정되면 그때 하기로 하고 조용히 상자를 덮었다.

《날마다 하나씩 버리기》
선현경 저, 예담

할인된 옷을 보고 나중에 딸이 자라면 입히겠다고 미리 사둔다. 하지만 딸은 정작 입지 않겠다고 하고, 나라도 입어볼까 했지만 결국 새것인 채로 버려진다. 옷을 살 때 나중을 생각한다는 건 정말 바보 같은 짓이다. 처음부터 필요한 옷을 사도 얼마쯤 지나면 잘 안 입게 되는데 나중이라니! 나중은 영원히 오지 않는다.

이 책에는 '아무것도 못 버리는 여자의 365일 1일1폐 프로젝트'라는 부제가 붙어 있다. 1년 동안 매일 물건을 하나씩 버리거나 나누고, 그 물건에 얽힌 이야기를 엮었다. 물건들에 대한 미련을 버리기 위해 '그림과 글로 남기고 나서 버린다'는 이별 의식을 치르는 점이 인상적이었다. 이 구절이 기억에 남는다.

'관계란 이런 걸까? 서로 궁합이 잘 맞아 영원히 친할 것 같지만, 알고 보면 그냥 우연찮게 가까이 있어서 그럴 뿐인 사이. 멀어지면 끝인 사이.'

지름신을 이겨라

PART 2

데일리룩
사진으로
나를 알아가다

나름의 사전조사와 결심을 하고 본격적으로 옷 안 사기 프로젝트를 시작했다.

매일 입은 옷을 사진으로 찍어 블로그에 올리기 시작했다. 이렇게 데일리룩을 기록한 것은 쇼핑 욕구 방지에 큰 도움이 되었다. 옷만 보고 '아, 예쁘다' 싶어 산 것도 막상 입어서 사진을 찍고 보면 나한테 안 어울리는 경우가 많았다.

나를 객관적으로 볼 수 있게 되었고, 옷이 아무리 예뻐도 나에게 어울리지 않으면 소용없다는 것도 알게 되었다.

예를 들어, 니트는 따뜻한 데다 여성스럽고 지적으로 보여서 내가 엄청나게 사랑하는 아이템이다. 얇은 니트가 어깨를 타고 내려가는 부드러운 선이 좋다. 캐주얼한 꽈배기 니트도 귀엽다. 블라우스와 다르게 움직이기 편하다. 니트는 안 입고 그저 바라만 봐도 좋았다.

하지만 내가 니트를 입으면 그냥 커다랗고 동그란 덩어리가 되었다. 장군 같은 어깨에 살집이 있는 나에겐 어울리지 않는 아이템이다. 물론 이런 사실을 전혀 몰랐던 건 아니다. 나도 거울을 보니까, 짐작은 하고 있었다. 그저 외면하고 있었을 뿐이다. 그런데 니트 입은 내 모습을 사진으로 찍어보니 더 이상 외면할 수 없을 정도로 현실이 적나라하게 드러났다.
한번은 사진을 가족 '단톡방'에 올렸더니 다들 당장 벗으라며 후끈한 반응을 보여줬다.

결국 니트류는 꽤 정리해서 동생들에게 넘겨주었다. 우리 집은 딸만 셋이고 엄마는 77 사이즈, 나는 66 사이즈 반, 동생은 55 사이즈, 막내는 44 사이즈다. 이렇게 사이즈와 나잇대가 다양하다 보니 어떤 옷이건 친정에 갖다놓으면 누군가는 입는다.

여자가 많은 친정집에 가면 늘 옷가지와 머리카락이 굴러다니는지라 특별히 내 옷이 많다고 생각하지 않았다. 문득 내 옷이 총 몇 벌인지 세보고 싶었지만 세다가 너무 많아서 포기했다. 이미 사버린 옷들이니 그저 부지런히 입는 수밖에 없다.

이대로 옷 안 사기만 잘 실행하면 언젠가 옷장에 있는 옷을 다 셀 수 있는 날이 오겠지?

매월 12일
자정을 맞이하며

나에게 매월 12일 0시는 특별한 시간이었다.
바로 카드명세서가 새로운 달로 넘어가는 날! 사고 싶은 옷 리스트를 메모장에 적어놓거나 장바구니에 담아놓고 12일로 넘어가는 0시가 되면 바로 결제하곤 했다. 새 마음으로 새 쇼핑을 할 수 있는 시간이었던 것이다.

옷을 안 사기로 하고 처음 맞는 12일 0시는 생각보다 평온했다. 다만 이렇게 오랫동안 옷을 사지 않은 적이 없어서 어색했다.
동생들이 부평지하상가에 가자고 꼬드겼지만 지금 가면 흔들릴 것 같아 나중을 기약했다.

1월에는 연월차 수당이 나와서 카드로 생활하던 비용 중 일부를 현금 생활로 전환했다.
카드 생활을 현금 생활로 바꾸려면 이번 달에 쓴 카드값 낼 돈과 다음 달에 생활할 돈이 필요하다. 두 달 치 생활비를 어디서 구하나 했는데 남편의 연월차 수당이 나온다니 '딱'이었다.
여전히 카드로 생활하는 나머지 부분은 연말정산 환급금이 나오는 2월에 현금 생활로 바꾸기로 했다.

생일에는 아침 9시부터 각종 쇼핑몰에서 할인쿠폰 문자가 쇄도했다. 작년까지는 할인쿠폰과 겨울옷 세일(1월 중순부턴 봄옷이 나오므로)을 적극 이용하여 용돈과 생일 축하금을 모두 탕진했는데 이번엔 잘 참고 있다.
아직 추운데 겨울옷을 싸게 팔다니, 안 사면 손해라고 생각했었다. 하지만 아무리 싸다 해도 겨울옷은 기본 가격대가 있어서 코트나 니트 몇 개만 사도 목돈이 훅 나간다.

인터넷 쇼핑 초기에는 멋모르고 생일을 정직하게 입력했지만, 예산은 한정되어 있는데 한 시즌에 할인쿠폰이 쏟아지면 다 활용할 수 없다. 그래서 앞서 언급했듯 특히 옷을 많이 사게 되는 간절기로 생일을 바꿔 입력해두었다.

덕분에 간절기마다 할인쿠폰이 나를 유혹한다. 또 백화점을 카카오톡에 '플러스친구'로 추가해놨더니 생일이 아니더라도 세일마다 메시지를 보낸다. ==쇼핑몰이나 백화점이 '절친'보다 내 안부를 자주 묻는 것 같다.==

백화점부터 카카오톡 친구목록에서 삭제했다. 앞으로도 이어질 지름신의 공격을 잘 막아보자!

사기 전에
재고 파악부터
하자

사람은 단번에 변하지 못하는 생물인가 보다.
오늘은 남편 속옷을 사러 갔다가 압박스타킹을 세일하기에 사 왔다.
출산 후 뱃살이 각별히 늘어졌던 터라 무슨 옷을 입어도 숨겨지지 않는다. 이럴 땐 배부터 발끝까지 꽉 조이는 압박스타킹이 최고다.

'스타킹은 옷이라기보다 생필품이자 구호품이지'라며 열심히 합리화를 했다. 그런데 집에 와서 서랍을 열어보니 압박스타킹이 새것만 세 개가 있었다. 생각해보니 나는 지난 2년 동안 치마를 입지 않았고, 당연히 예전에 사놓은 스타킹도 전혀 신지 않았다.

왜 아무 생각 없이 집어오는 것일까. 쓴 돈은 3천 원이지만 자괴감이 들었다.

이게 끝이 아니다. 남편 신발을 사주려고 할인매장에 갔다가 옆에서 스니커즈를 2만 9천 원에 팔기에 덥석 집어왔다. 집에 와서 옷장을 열어보니 나는 유난히 카키색 옷이 많다. 카키색 바지, 카키색 점퍼, 카키색 야상이 잔뜩 있다. 스니커즈도 카키색으로 사 왔는데 매치하려고 보니 너무 '깔맞춤'을 심하게 한 것 같아서 마음에 들지 않았다.

<mark>왜 사기 전에 어떻게 매치할지 고민해보지 않았을까? 신발장을 열어보니 굳이 필요한 항목도 아니었다.</mark>

하루 종일 동생에게 '예쁘긴 예쁜데 환불하지 말까? 아니야, 해야겠다. 다시 봐도 예뻐. 아니야, 필요 없어' 하면서 원맨쇼 카톡을 계속 보냈다. 이게 무슨 짓인지. 돈도 쓰고 마음고생까지 하다니. 앞으로는 신중하게 사야겠다. 사기 전에 이미 갖고 있는 것부터 살펴보고 활용해야지.

반성의 의미로 신발장을 연 김에 발견한 7년 된 샌들을 버리지 않고 셀프 수선했다. 색깔별로 샀던 과거 경력 때문에 똑같은 신발이 블랙, 화이트 두 켤레 있었다.

너무 오래 되어 굽을 갈아도 뭔가 균형이 안 맞는 느낌이었는데 천오백 원짜리 미끄럼 방지 패드를 사서 앞에 붙이니 괜찮아졌다. 생각해보니 굽뿐만 아니라 신발 앞부분도 닳아서 수평이 안 맞았나 보다. 옆에 징까지 박아서 참 오래도 신었다.

뿌듯해하려던 찰나, 혹시 쇼핑병에 이어 못 버리는 병도 걸려 있는 건 아닌가 잠깐 등골이 오싹해졌다. 한 번만 더 고장 나면 정리해버려야겠다.

생각 없이
사면 손발이
고생한다

결국 카키색 스니커즈는 포기하기로 하고 환불하러 갔다. 그랬지만 결국 깔끔한 흰색으로 교환해 왔다.
그런데 집에 와서 보니 또 뭔지 모르게 애매했다. 다리가 엄청 짧고 뚱뚱해 보이는 느낌.

이유가 뭘까 고민해보니 운동화 혀가 길어서인 것 같았다. 혀가 발목까지 올라오니 바로 굵은 종아리가 딱 보여서 다리가 더 짧고 굵어 보이는 것이다.

한 번 교환한 거라 재교환이나 환불도 안 되는데, 흰 스니커즈는 기본 아이템이라고 하던데 나한테는 왜 이러는 걸까. 또 다른 걸 사야 하는 걸까 한탄했다. 그러면서 나는 어느새 신발 혀 없는 '벤시몬'이나 '케즈' 같은 브랜드의 스니커즈를 검색하고 있었다.

'이건 아니지. 신발을 또 살 순 없어! 어차피 이렇게 된 거 혀를 좀 자르는 수선을 해보자!'

문제는 사 온 신발이 컨버스 천이 아니라 가죽이라는 점. 천이면 미싱으로 드르륵 박으면 되지만 가죽은 어디서 마감 바느질을 해주는지 모르겠다. 근처에 군장점도 없고.

결국 수작업을 해보기로 했다. 살림 못하는 나에게 골무가 있을 리 없기에 한 땀 한 땀 맨손으로 가죽에 바느질을 하며 도를 닦았다. 바느질 한 땀마다 '내가 왜 생각 없이 사가지고 이 고생을…'이라면서 후회와 반성을 꿰맸다.

아들이 낮잠 자는 사이에 여인의 한이 서린 바느질로 하나를 먼저 완성해서 사진을 찍어봤다. 발목이 드러나니 아주 조금이나마 길고 가늘어 보였다.
동생이 보더니 아무도 언니를 쳐다보지 않는데 왜 신경을 쓰냐며,

이건 컨버스 디자인도 아니라고 비웃었다. 맞다. 하지만 이미 한쪽 가죽을 잘랐으니 돌이킬 수 없었다. 상표까지 안쪽에 옮겨 붙이고 나니 움츠렸던 허리가 저리고 손가락이 빨갛게 변했다.

사실 나는 원래 여름 티셔츠도 조금 덜 뚱뚱해 보이는 길이로 수선해 입는다. 아무도 모르는데 살이 쪘다는 생각에 혼자서 엄청 신경 쓰기 때문이다. 원피스나 치마도 조금 큰 걸 사서 허리, 어깨 등을 나한테 딱 맞게 수선한다. 아무도 나한테 뚱뚱하다고 하지 않는데 왜 자꾸 신경이 쓰일까.

==오늘 고생의 결론은 이렇다. 생각 없이 사면 손발이 고생한다. 이젠 신발도 1년 동안 쇼핑 금지!==

유행 아이템을 사면 후회하는 이유

내가 왜 신발에 집착했는지 곰곰이 생각해보니 이유가 있었다.
몇 년 전에 인터넷에서 스트리트 패션 사진을 보다가 아디다스의 한 스니커즈가 내 마음속에 들어왔다.
'슈퍼스타'라는 모델명을 가진 스니커즈였다.

내 몸매와 얼굴 따윈 고려하지 않고 '당장 슈퍼스타 사야겠어!'라고 생각했다. 당시에는 놈코어Normcore(평범함을 추구하는 패션)가 트렌드라 안 그래도 운동화가 뜨고 있었고 아디다스는 슈퍼스타 45주년을 맞이해 대대적인 마케팅을 펼치기 시작했다.

아디다스는 단종시켰던 '스탠 스미스'까지 다시 출시해서 아주 작정하고 유행몰이를 시작했다. 내가 본 사진들도 어쩌면 마케팅의 일환이었을지 모른다.

'유행이라니. 유행하는 아이템을 사기는 좀 그렇지'라고 생각했다. 같은 신발을 신은 사람을 많이 만나게 될 가능성이 크기 때문이다.

그런 경험이 실제로 있었다. 한 번은 길에서 어떤 여자가 신은 운동화를 보고 '저건 샤넬의 저렴이 버전'이라며 크게 감탄해서 인터넷으로 찾아냈다. 그건 바로 '뉴발란스'에서 나온 '달마시안'이라는 운동화였다.

살까 말까 망설이는 사이에 SBS 드라마 〈별에서 온 그대〉에서 주인공 도민준이 그 운동화를 신고 나왔다. 그 다음은 말 안 해도 알 것이다. 전국 품절.
품절이라고 하니 나는 더 애가 닳았다. 중고라도 사겠다고 하다가 중고 사이트에서 16만 원 사기를 당했다. 신고하고 범인을 잡았지만 상습범이라 돈은 못 돌려받았다.
그러는 동안 시간은 지났다. 얼마 안 있어 그 운동화를 산 사람들이 운동화는 멀쩡한데 유행이 끝나버려 신기 망설이는 모습을 봤다. 그때 너무 유행하는 아이템은 사지 말자고 다짐했었다.

그런 연유로 슈퍼스타를 포기했다. 하지만 허전한 마음을 채우려고 비슷하지만 다른 신발을 사고, 왠지 또 마음에 쏙 들지 않아서 이것저것 사게 되었던 것 같다. 이게 그 유명한 호미로 막을 것을 가래로 막는 상황.

그냥 원래 사고 싶었던 걸 샀어야 했다는 생각이 든다. 차라리 하나 사서 열심히 매일 신고 유행 지나면 버리는 게 낫지 않을까? 아니면 똑같은 신발을 신어도 나는 저런 모델 핏이 아니라는 걸 일찌감치 깨닫거나.

슈퍼스타의 유행이 의외로 오래 가는 것 같아 결국 사야 하나 고민하고 있었는데 우연히 인터넷에서 한 사진을 봤다.
지하철에서 찍은 사진이었는데 수많은 사람이, 서로 모르는 여러 사람이 슈퍼스타를 신고 있는 사진이었다.

역시 안 사길 잘했구나 싶었다. 안 그래도 얼마 전 두근거리는 마음으로 줄무늬 티셔츠에 청바지, 베이지 트렌치코트를 입고 나갔는데 버스 정류장에서부터 비슷한 옷차림을 한 사람을 계속 마주쳤다. 서로 못 본 척 휴대폰을 들여다보는 어색한 분위기가 이어졌다. 트렌치코트가 문제인가 싶어 다음에 나갈 때는 청재킷을 입었는데 역시 버스 안에 청재킷 입은 사람이 몇 명 있었다.

유행 아이템이라는 게 다들 입을 때 입어야지 유행이 아닐 때 혼자 입기 애매한 것도 있다. 쇼핑몰에서도 유행하는 것만 팔기 때문에 소비자로서는 선택의 여지가 없는 것 같기도 하다.

우리 모두 유행에 너무 민감하기 때문일까. 조금만 지나도 예전 옷이 촌스러워 보여서 어쩔 수 없이 옷을 또 사게 되니 말이다. ==아예 유행하는 초기에 딱 하나만 사서 한철 잘 입고 버리던가, 유행과 관계없이 나한테 잘 어울리는 아이템을 좋은 것으로 장만해 오래 쓰던가, 결정해야 할 때다.== 더 이상 유행의 틈바구니에서 우왕좌왕하지 않으려면!

목표는 사람들 앞에서 공표하자

비상사태가 벌어졌다.

남편이 회사에서 받았다며 백화점 상품권을 가져왔다. 5만 원 짜리라 다른 사람에게 선물 주기도 좀 애매한 금액이다. 어디에 쓸까 하다가 남편 옷을 사자며 저녁에 백화점으로 출동했다. 그런데 정작 남편 옷은 마땅한 게 없어 커플티를 사버리고 말았다. 커플티라 함은 물론 남편과 내 티셔츠다.

선물로 받은 상품권이니 그냥 옷을 선물받았다고 생각하면 되지 않느냐, 다른 것도 아니고 여름 가족 나들이 때 입을 커플티인데. 이런저런 합리화가 격렬하게 솟구쳤다. 싸구려 티를 앞에 두고 한 시간을 고민하다가 매장 문 닫을 시간이 다 되어 일단 사들고 왔다.

옷 안 사기는 누가 시킨 것도 아니고 나 자신과의 약속이다. 그래서 공짜든 뭐든 티셔츠를 내 의지로 집어왔음을 나 자신이 제일 잘 알고 있기 때문에 찝찝했다. 고작 19,900원짜리 반팔티 때문에 옷 안 사고 잘 참았던 지난 나날이 주마등처럼 스쳐 지나갔다.

일단 한 달 내에는 환불이 가능하기 때문에 쇼핑백과 영수증은 그대로 두고 옷을 한참 째려봤다.

'이야… 볼수록 딱 내 스타일이야.'

남편은 옆에서 신나게 놀렸다. 기왕 가져온 김에 나들이 갈 때 같이 입자며 옆에서 나를 꼬드기면서 깨춤을 췄다. 나는 티셔츠를 질릴 때까지 쳐다만 보다가 환불할 거라고 말하면서 속으로는 엄청 흔들리고 있었다.

그러다 블로그에 티셔츠 사진과 글을 올렸다. 누가 좀 말려달라고. 그러자 친절한 이웃들이 댓글을 달아주었다.

↳ 그냥 흰 티예요. 재킷에도 입고 카디건도 걸치고 여름엔 반바지에도 입고 한철 지나면 목 늘어날 것 같은 그냥 흰 티…. ㅜㅜ

↳ 별로예요! 환불하세요!

↳ 하나하나 아끼는 게 중요하지만 화병 생겨요. 이미 질러버리신 거 아깝지 않게 입어버리세요.

↳ 티가 좀 너무 괜찮고 어울리네요.

↳ 프로젝트 실패 아니에요 토닥토닥~ 이건 선물받은 거나 마찬가지잖아요. 선물은 함부로 바꾸는 거 아니에요.

↳ 예뻐요~ 괜찮아요. 예쁘게 입고 본전 뽑아요.

↳ 진짜 어울려요. 그냥 입어요. 남편이 선물해준 거라고, 레드썬!

↳ 커플티고 저렴하니까 그냥 놀이공원 가서 기분 내시는 것도 좋지만 자신과의 약속을 깨버린 것 같아 고민하는 것 자체가… 저 같음 환불할 것 같아요. 더 고민이 되신다면 옷장을 열어 흰색 반팔 티가 몇 장 있는지 확인해보시는 것도 좋을 것 같아요. 우리 옷이 넘치잖아요. 옷 안 사기 프로젝트잖아요. 흔들리지 마세요.

댓글 달아준 분들 모두 정말 고마웠다. 남의 일이고 사소한 일인데 다들 성심성의껏 말려도 주고 위로도 해주었다. 마치 시험 못 봐서 축 처져 있는데 부모님이 괜찮다고, 다음에 잘하면 된다고 해주는 느낌이었다. 부모의 격려에 '그래, 열심히 하자!'라고 다짐하는 학생처럼 마음을 다잡고 다음 날 오전에 결국 티셔츠를 환불했다.

환불의 결정적인 이유는 흰색 반팔 티를 세어보라는 댓글 때문이었다. 죄다 꺼내서 세어보니 51벌이나 되었다. 이 많은 게 다 어디서 나왔는지 2천 원짜리부터 잔뜩 있었다.
안 그래도 마음이 불편했는데 세어보니 확신이 들었고 환불하고 나니 홀가분했다. '이렇게 무너질 거면 저번에 본 그 원피스가 예뻤는데! 사고 싶은 트렌치코트도 있는데!' 하는 생각이 들기도 했다. 고작 티셔츠 하나로 오점을 남기기에는 그동안 참은 게 아까웠다.

이즈미 마사토의 《부자의 그릇》이라는 책을 보면 사업이 망해 망연자실한 시간을 보내던 주인공이 나온다. 추운 날, 돈을 탈탈 털어 따뜻한 차 한 잔을 사려는데 100엔이 모자라자 한 노인에게 돈을 빌린다. 그러자 노인은 "흠, 돈이라는 건 정말 신기하단 말이야. 만약 한 푼도 없었다면 자네가 밀크티를 마시고 싶다는 생각을 했을 것 같나? 포기하고 얼른 집에 가서 주전자에 물을 끓여 뜨거운 물이나 마시고 있겠지. 동전 몇 푼을 가지고 있다 보니 자네는 정상적인 판단을 내리지 못했어. ==사람들은 돈이 있으면 무조건 쓰고 싶어지는 모양이야=="라는 말을 한다. 내가 딱 이 모습이었구나 싶어 반성했다.

이 고비를 넘긴 뒤 갑자기 옷 안 사기가 쉬워졌다. 뭔가 사고 싶어지면 집에 와서 비슷한 옷을 꺼내봤다. 혹하는 게 생겨도 '이걸 사서 옷 안 사기 프로젝트를 망칠 거면 그때 그 티셔츠를 샀을 텐데' 싶어서 그냥 내려놓게 되었다.

역시 목표는 다른 사람들 앞에서 공표하는 게 효과가 좋은 것 같다. 지켜봐주는 블로그 이웃들의 믿음을 져버리고 싶지 않다는 마음이 커졌다. 오랫동안 지켜봐주는 분들께 고맙다는 말을 꼭 전하고 싶다.

적립금의
유혹을
이겨내다

남편한테 출산 선물로 가방을 받으면서(아니, 받아내면서) 백화점에서 적립금 2만 점을 받았었다.
잊고 살았는데 적립금이 2년이 지나면 소멸된다며 빨리 쓰라는 문자가 계속 왔다.
하지만 딱히 가방을 살 일이 없어서 참고 있었다.

그런데 월 말쯤 되니 적립금 5천 점을 더 준다는 문자가 왔다. 그게 끝이 아니었다. 조금 더 있으니 적립금에다 할인쿠폰까지 얹어준다는 문자가 왔다.

'그래, 적립금을 날리기엔 좀 아까우니까 백화점 사이트나 한번 둘러볼까?'

그렇게 사이트에 들어가 봤더니 무슨 카드 청구할인까지 해준다는 게 아닌가. 그쯤 되니, 꼭 필요한 건 아니지만… 꼭 사고 싶은 것도 아니지만… 그렇지만 필요할지도 모르잖아? 하는 의식의 흐름이 시작됐다.

그리고 어느새 이 정도면 사도 되지 않을까 싶은 가방을 장바구니에 담고 있었다. 적립금에 쿠폰에 청구할인까지 다 하니 거의 10만 원이나 할인되었다.
무이자 할부 6개월 버튼을 딱 눌러주고 사이트 결제하기 버튼 누르고, 이제 공인인증서 비밀번호만 누르면 되는데….

갑자기 =='이게 뭐하는 짓이냐? 10만 원 아끼자고 50만 원 쓰는 게 제정신인가'== 하는 생각이 들면서 망설여졌다. 그러면서도 지금 안 사면 나중에 후회하지 않을까 싶기도 했다.

결국 더 이상 결제를 진행하지 못하고 그 상태로 꼬박 이틀을 고민했다. 그리고 안 사기로 했다. 그렇게 적립금은 사라졌지만 시간이 지나고 나니 잘했다는 생각이 들었다.

왠지 홀가분한 느낌도 들었다.

나중에 그때 살걸 그랬다고 후회하진 않을까 걱정했는데 막상 며칠 지나고 나니 그렇지 않다는 걸 알게 되었다.

오히려 매번 하는 후회는 이런 가방을 사고 난 뒤 '이런 거 몇 개 살 돈 모았으면 명품도 샀겠는데'였다는 것을 깨달았다.

조금씩 나아지고 있는 걸까? 뿌듯한 날이다.

가계부가
깨끗해지고
있다

25일은 월급날이자 카드대금 결제일이다.

가계부를 보니 슬슬 옷 안 사기 효과가 보이는 것 같다.

그동안 쌓였던 할부금을 하나둘씩 갚으면서 가계부가 점점 깨끗해지고 있다. 신용카드를 만든 뒤로 가계부가 이렇게 깨끗한 적이 별로 없었다. 옷을 안 사도 그동안 결제해놓은 게 많아서 할부 누적분으로 다 나가니 항상 남는 게 없었다.

==할부란 시작은 미약하지만 중간부터 창대해진다.==

한 달 의류비 예산이 10만 원이라고 해보자.

사고 싶은 걸 고르다 보면 꼭 예산이 초과된다.
10만 원에 맞추려고 고른 옷을 빼보지만 12~13만 원 정도에서 '더 이상 못 빼!' 하고 절규하게 된다.

마침 3개월 할부는 수수료가 무료라는 소식에 '그럼 3개월 할부로 긁고, 3분의 1만 내면 이번 달 예산에서 3만 원이 남네?' 하면서 하나 더 산다. 다음 달이 되면 지난 달 할부는 남았는데 또 사고 싶은 게 생긴다. 지난 달 남은 할부에 이번에 고른 걸 또 3개월 할부로 하면 이번 달 예산에 대충 맞아 들어간다. 헉, 지름신의 계시다! 결제 완료.

이렇게 할부는 2개월이 3개월 되고 또 6개월이 되고…. 나중에는 할부만으로 예산이 꽉 찬다. 그 상황에서도 길거리를 지나다 예쁜 옷을 발견하면 '하나쯤 사도 되겠지? 점심 좀 싼 거 먹지, 뭐' 하면서 예산 초과가 시작된다.
그렇게 다달이 예산이 조금씩 초과되며 쌓이는 거다.

사람 마음이 참 재미있다.
사고 싶은 게 열 가지 있었는데 용돈에 맞춰서 두 가지만 사야겠다고 생각할 때는 그 두 가지를 고르기가 그렇게 힘들었다. 결국 할부를 동원해서라도 서너 가지를 사고 만다.

그런데 옷 안 사기 프로젝트를 하면서 아예 안 산다고 생각하니 고르고 말고 할 것도 없고 어느 게 더 나은지 생각할 일도 없다.
==안 사는 게 차라리 더 쉽다.==

또한 사고 싶은 게 눈에 띄면 '1년 뒤에 사자. 예쁘니까 인기 많아서 그때도 팔겠지?' 하고 다짐하는데, 2주만 지나면 그때 뭘 사고 싶어 했는지 기억이 잘 나지 않는다. 얼마나 신기한지 모른다.

왠지 홀가분하고 기분 좋다.
사고 싶을 때마다 깨끗해진 가계부를 봐야겠다.
앞으로 좀 더 힘내보자!

보물은
이미 당신
옷장 속에 있다

부평지하상가에서 사놓고 1년 넘게 가격표도 떼지 않은 채 방치하던 셔츠를 옷장에서 발견했다. 그런데 막상 위에 걸칠 외투가 없었다. 맞춰 입을 옷도 없으면서 마냥 예쁘다고 샀었나 보다.

딱 떨어지는 네이비색 피코트가 있으면 좋겠지만 옷을 안 사기로 했으니 집에 있던 롱코트 기장을 수선해서 입기로 했다.
이 롱코트는 4년 전 쯤 인터넷에서 5만 원에 중고로 샀는데, 막상 받고 보니 내 키에는 길어도 너무 길었다.
그래서 한 번도 입고 나가지는 않았지만 걸어놓은 모습만 봐도 취향 저격이라 버리지도 못했다.

거금 3만 원을 주고 백화점 수선실에 맡겼는데 허리끈을 해도 예쁘고 안 해도 예쁘게, 날씬해 보이도록 수선이 잘되었다. 진작 있는 옷부터 돌아볼걸.

안 입던 옷을 입게 만드는 수선에 재미가 들려 또 쓸 만한 게 있나 찾아보았다. 그때 내 레이더에 흰 셔츠가 포착됐다. 가슴 부분에 있는 큰 주머니가 부담스러워서 안 입던 셔츠다.
애초에 그 셔츠를 왜 샀는지 그때의 나에게 물어보고 싶다.

주머니와 단추를 떼고 '다이소'에서 사온, 내가 제일 좋아하는 줄무늬 단추를 달기 시작했다. 그런데 단추 세 개를 다는 데 한 시간이 넘게 걸리는 게 아닌가? 단추 여덟 개를 다 다는 데 세 시간 가까이 걸렸다. 내 손재주는 대체 왜 이 모양인가.
중간에 포기하고 싶었지만 내 성격에 지금 포기하면 다시는 안 하리라는 걸 알기 때문에 끝까지 하긴 했다. 대신 소매 단추 다는 건 포기했다.

대학생 때 사서 지금은 누렇게 변해버린 셔츠도 하나 찾아냈다. 과산화수소수에 한 시간 정도 담갔다 빤 다음 리폼에 돌입했다.

마침 집에 삼선 띠가 있어서 단추를 다 떼고 셔츠 안쪽에 띠를 덧대었다. 단추 부분에 삼선 띠가 있는 옷을 본 기억이 있었기 때문이다. 하지만 이 리폼 후로 다시는 단추 달기를 시도하지 않고 수선실에 맡긴다. 기장을 줄이고 단추를 다시 달아주는 것까지 5천 원에 해결된다.

옷장 속에 묻혀 있던 옷이 하나둘씩 세상으로 나오기 시작했다. 조금만 수선하니 새 옷을 얻은 것 같아 설레고 뿌듯하다.
보물을 곁에 두고도 나는 왜 그동안 몰랐을까?

before

after

안 사니까 마음이 편해졌다

지난 시간을 찬찬히 돌이켜보니까 옷을 안 사겠다는 다짐이 흔들리는 순간은 마음에 드는 옷을 봤을 때가 아니라 싼 옷을 봤을 때였다. 기분전환은 하고 싶고 이 정도 지출은 괜찮을 것만 같은 상황일 때.

시장에 갔더니 폐업정리라며 브랜드 매장에서 70% 폭탄세일을 하고 있었다. 이때 아니면 이 가격에 못 살 것 같은 느낌이 강하게 들었다. 좋은 옷이야 항상 비싸니 지금 사나 다음에 사나 별 차이가 없지만 이건 이 가격에 다시 안 팔 것 같다는 생각이 드는 순간 조급한 마음에 내적 갈등이 폭발한다.

이럴 때를 대비해서 외워둔 구절, '==안 쌌으면 안 샀을 물건은 싸더라도 사지 말자! 제대로 된 물건을 제값 주고 사자!=='를 중얼거리며 개미지옥을 탈출했다.

또 다른 개미지옥은 지하상가다.
우리 세 자매가 자주 가서 서로의 지름신이 되어주는 곳이 바로 부평지하상가다. 한때 매일 가던 부평지하상가에는 싼 옷이 많아 현금 5만 원만 들고 가도 넉넉히 살 수 있을 것 같지만, 정신 차려보면 어느새 20만 원이 홀랑 사라져 있다.

옷 안 사기 프로젝트를 하면서도 동생들과 같이 지하상가에 가면 싼 옷 마니아의 피를 버리지 못한 나는 어쩔 수 없이 눈이 막 돌아간다. 하지만 '옷 안 사기 프로젝트를 이제 와서 망칠 순 없지!' 하면서 대안을 찾아냈다. 처음에는 무조건 안 가고 안 사려고 했는데 별 효과가 없었다. 다이어트처럼 너무 참기만 하다가 하나 삐끗하면 우르르 무너질 것 같았다.

대신 동생들 쇼핑할 때 내 쇼핑처럼 열심히 훈수를 둔 뒤 나는 양말을 산다. 요즘 지하상가에서는 양말 한 켤레에 천 원이니까 5천 원한 장 들고 가면 양말부자가 된다. 그렇게 싼 양말은 만 원어치까지 사지도 못 한다. 지하상가에서 파는 양말은 거기서 거기니까 고르는 데도 한계가 있다. 옷은 계절이 바뀌면 또 살 게 있는데 양말은 사계절 내내 비슷한 걸 파니 다음에 가면 더 이상 살 게 없어서 못 사는 것이다.

단, 한 군데서 여러 개를 사면 안 된다. 하나 사고 돌아다니다가 또 하나 사야 한다. 옷 쇼핑 중간 중간에 사줘야 나도 뭔가 사는 기분이 나니까. ==모든 게 마음을 어떻게 컨트롤하느냐에 달린 것 같다.==

이건 흡사 다이어트할 때 밥 대신 방울토마토를 먹는 기분이긴 하다. 이렇게까지 해야 하나 생각해봤는데, 그래도 해야 한다는 결론을 내렸다.

'옷을 사 들고 집에 와서 보니 비슷한 게 있어!'
'거기선 예뻐 보였는데 막상 집에 오니 평범해!'
'집에 안 입는 옷 백 벌 있는데 그래도 딱히 입을 게 없어서 샀건만 다음 날 출근하려고 보니까 또 입을 게 없어!'

이럴 거면 왜 샀나 후회하는 것보다 안 사고 차라리 다음 날 마음 편한 게 낫다. 다음 날뿐 아니라 카드값 내는 날도 마음이 편해진다. 정말, 마음 편한 게 최고다.

기분전환의
유혹을
이기다

나는 한 번 사고 싶은 옷이 있으면 그 옷이 꿈에서까지 나타나서 기어이 사고야 만다. 내 집착이 어느 정도였냐면, 임신 막달일 때 엄마랑 동생들이랑 운동 삼아 부평지하상가에 놀러갔는데 티셔츠 하나를 살까 말까 고민하다가 그냥 돌아왔다. 그런데 그 티셔츠가 밤새 어찌나 눈앞에 아른거리던지 '안 되겠다, 내일 바로 가서 사야겠다'고 마음먹었다.

그런데 다음 날 갑자기 진통이 시작됐다. 자궁이 6cm 정도 열려서 분만실에 들어가야 하는 상황이었다.

그 상황에서 내 머릿속에 떠오른 것은 출산 걱정이 아니라 바로 그 티셔츠였다.

'지금 분만실에 들어가면 조리원에 있는 기간까지 3주는 밖에 못 나갈 텐데, 그럼 그 티셔츠는?'

잠깐 부평에 다녀와야겠다고 했더니 의사는 말도 안 되는 소리 한다며 나를 분만실로 올려 보냈다. 올라간 지 한 시간 만에 출산을 했다. 출산 후에 내 머릿속에 떠오른 생각은? 역시 그 티셔츠였다. 막내 동생이 병원으로 찾아오자마자 다른 건 됐고 그 티셔츠 좀 사다달라고 부탁했다.

결국 그 티셔츠를 손에 넣었는데…. 그렇게 애타게 산 옷을 딱 한 번 입었다는 사실. 모든 옷이 쇼핑몰에서는 반짝반짝한데 우리 집 옷장에만 걸리면 이상하게 후줄근해 보인다. 그리고 또다시 아침만 되면 입을 게 하나도 없는 느낌이다. 도대체 무엇을 향한 집착이었단 말인가. 그냥 집착을 위한 집착이었다는 생각이 든다. 집착이라는 건 스스로를 얽매는 덩굴 같다.

==마음에 드는 옷을 사면 더 나은 내가 된 것 같은 기분을 느꼈다. 그 기분이 순간적으로 우울한 일을 잊게 했기에 우울할 때마다 쇼핑을==

했다.

옷 안 사기를 하고 처음 백일은 이 기분전환에 대한 유혹이 강했다. 특히 남편과 애를 재우고 혼자 새벽에 인터넷 쇼핑을 하던 버릇이 남아서 그 시간만 되면 뭔가 허전했다. 그래서 이것을 대체할 행동지침 5단계를 찾아냈다.

1단계.   향기 좋은 비누로 손 씻고
         좋아하는 핸드크림 바르고 향수 뿌리기

2단계.   머리를 빗고 립스틱 바르기

3단계.   잡지나 패션 관련 책 읽고
         집에 있는 아이템으로 코디 고민하기

4단계.   3단계까지 안 먹히면 쇼핑금지나
         미니멀리즘에 관한 책 다시 읽기

5단계.   다 안 먹히면 야식 먹기. 더 강한 쾌감으로 막는다!

5단계까지 간 적은 거의 없다. 진짜다. 운동한 게 억울해서. 보통 1, 2단계에서 끝나는데 덕분에 하루 종일 꼬질꼬질했다가 잘 때 제일 예뻐졌다. 그렇게 3개월이 지나니 기존에 있던 카드 할부금도 끝나고 유혹도 거의 사라졌다.

공짜에 혹하지 말자

패션잡지를 사면 부록으로 종종 가방을 주곤 한다. 하지만 잡지 부록인 게 티 날까봐 한 번도 사용하지 않았다. 괜히 모아놓기만 하고, 아주 그냥 욕심만 많다. 얼마 전에 부록으로 받은 것들을 싹 꺼내서 중고로 팔 건 팔고 동생에게도 주고 거의 처분했다. 다신 부록에 혹하지 말자고 다짐도 했다. 하지만 신에게는 아직 6개의 잡지 부록이 남아 있사옵니다! 클러치 같은 건 색깔별로 받아서 쌓아놓고 있었다. 그중에 오래전에 받은 클러치로 초간단 리폼을 시도했다.

1
일단 망해도 부담 없는 잡지 부록 클러치 준비.

2
유행이 한참 지나 안 쓰는
목걸이도 준비.

3
'다이소' 글루건을 이용해
목걸이를 클러치에 붙이면 끝.

중요한 건 명품을 든 듯한 자신감!

하지만 자신감 따위는 모유 수유를 끝낸 가슴만큼이나 작은 나는 결국 저 가방도 그냥 버렸다. 쓸데없는 데 기운 빼고 시간 빼지 말고 앞으로는 그냥 부록에 혹해서 잡지를 사는 짓을 하지 말아야겠다.

문제는 옷이 아니라 나였어

PART
3

운동을
시작하다

==옷을 안 사려면 몸무게가 거의 일정해야 한다는 걸 깨달았다.== 출산 후 몸무게가 늘어 전에 입던 멀쩡한 옷을 더 이상 입을 수가 없기 때문이다.

출산 전에 키 164㎝에 54~56kg를 유지했던 나는 출산 후 60~62kg이 되었다. 일반 쇼핑몰에선 옷을 찾기 힘들어졌다. 55나 66 사이즈, S나 M 사이즈는 많은데 왜 77 사이즈나 L 사이즈는 드문 것일까. 사람 나고 옷 났지 옷에 사람을 맞춰야 하나.

사실 옷의 문제를 떠나 나는 척추측만증에 일자목에 골반도 틀어져서 자려고 누우면 허리와 다리가 붓고 아파서 자주 울었다. 어깨도 자주 굳는데 약간 저혈압이라 조금만 신경 쓰면 피가 머리로 못 가고 두통이 심해져 구토하는 체질이다. 손발이 차고 여름에 땀이 적고 겨울에 추위를 심하게 탔다.

오래 지켜본 단골 한의사가 운동을 권유했다. 몸무게도 몸무게지만 운동에 돈을 쓰는 게 병원비를 아끼는 길이라고 생각했다.

그래서 크게 마음먹고 피트니스센터에 등록했다. 주 1회 PT(퍼스널 트레이닝)와 옷, 수건을 무료로 제공하고 1년을 등록하면 할인해준다고 했다. 거기에 남편 회사의 복지 포인트로 50% 결제 가능하니 한 달에 2만 5천 원 꼴이다.

트레이너는 재활부터 천천히 해야 한다며 간단한 운동부터 알려주었다. 이후 PT를 조금 더 추가해 스포츠 마사지를 병행하며 주 3회 운동을 꾸준히 다녔다.

그렇게 6개월이 지나자 신기하게 더우면 땀이 났다. 잘 때 허리랑 다리가 붓지 않고 아프지도 않았다. 한 달에 한두 번 꼭 있던 두통도 횟수가 줄었다.

아이를 들다가 삐끗한 뒤로 잘 올라가지 않던 오른팔도 조금씩 올라가려 했다. 운동의 효과란 생각보다 훨씬 대단했다.

비록 몸무게는 아직 59kg지만 전보다 건강해진 게 느껴져서 좋다. 옷 안 사기 프로젝트가 끝날 때까지 트레이너가 식단을 봐주고 나도 계속 노력하기로 했다.

"선생님, 맨날 먹지 말란 거 먹어서 죄송해요. 맨날 힘들다고 징징거려서 미안합니다."

아침에 피트니스센터에 갔더니 탈의실에서 한 여자 회원이 통화를 하고 있었다. 그는 어제 술 마셨지만 운동 나왔다며 "와서 보면 날씬한 사람이 더 해!"라고 말했다. 속으로 나도 대박 공감했다. 꼭 안 해도 될 것 같은 사람들이 더 열심히 하더라. 나도 건강을 위해 앞으로 꾸준히 운동하자고 다짐했다.

맨날
비슷한 옷만 입고
다녔네

휴대폰 사진첩을 보다가 소름이 돋았다.

내가 입고 있는 옷이 다 흰색 니트였다.

분명 뭐 입고 나갈까 매번 한 시간 넘게 고민했었는데?

옷장에 그 많은 옷이 걸려 있어도 고민만 가중시킬 뿐 결국 고르는 건 똑같은 옷이었다니.

그런데 더 소름 돋는 일은 똑같아 보이는 옷들이 다 다른 옷이라는 점이다.

WHITE
KNITWEAR

베이지는 빼고 아이보리만 모아놓아도 이 정도다.

그런데 왜 맨날 부족하게 느껴지는지 모르겠다. 모아놓고 보니 많은 것 같아서 줄여보려고 아무리 고민해도 버릴 게 없었다.

그런데 하나씩 입어보다가 깨달았다. 흰색만 입으면 얼굴이 환해 보인다는 사실을. 정말 그런가 싶어서 카디건을 색깔별로 꺼내 얼굴에 대봤다. 색에 따라 안색이 티가 나게 달라졌다. 다른 색은 안 그런데 흰색만 대면 반사판이 있는 것처럼 얼굴이 환해졌다. 그동안 나도 모르게 흰색을 자주 선택했던 이유가 있었나 보다. 그래, 비슷한 옷만 입는 건 무의식적으로 나에게 잘 어울리는 걸 알아본 거였구나.(백돼지같이 보인다는 단점은 있지만.)

그러므로 흰색 니트를 내 대표 착장으로 삼고 안 입는 나머지를 먼저 정리하기로 했다. 백날 고민해봤자 결국 흰 니트를 고른다면, 입지 않는 다른 컬러의 상의들은 왜 갖고 있었던 걸까? ==무엇을 남기고 무엇을 버릴지 나만의 기준을 먼저 세워야겠다는 생각이 들었다.==

옷장은
내 생활을
보여주는 거울

계절이 바뀌면 쇼핑하고 싶어서 근질근질하다.
그럴 때 나에게는 이 방법이 제일 좋았다. 바로 평범한 사람들이 나오는, 스트리트 패션 사진집을 보는 것. 그런 사진집을 보면 특별한 옷을 입은 건 아닌데 이상하게 멋진 사람들이 잔뜩 있다.

저런 베이지 재킷 나도 있는데… 그냥 흰 티 나도 있는데….
좋은 카메라로 찍어서 다른가? 포토샵을 좀 더 배워볼까?
별의별 생각을 다 하다가 사진 아래에 적힌 내용을 보면 더 뜨끔하다.

'평소 옷을 정말 잘 입기에 이 작은 옷장에 있는 옷들이 전부라는 게 믿기지 않는다.'

- 《클로젯비지트》, 손지나 저

'디자이너의 옷장이라기엔 너무나 작고 검소한 모모의 옷장.'

- 《클로젯비지트》, 손지나 저

'그 옷을 살 만한 돈이 있어도 그에 어울리는 생활을 하고 있지 않다면, 그 옷이 가진 본래의 매력을 충분히 살려서 입을 수가 없습니다. 옷을 넉넉하게 걸어둘 만큼 충분한 크기의 옷장이 있고 신발도 꼼꼼히 손질해가며 오래 신는 편이라든가 하는 성향이나 시간, 공간의 여유가 있는 생활을 하고 있어야 어울리는 옷인 것이지요. 그것을 자연스럽게 깨달으면서 단순히 쉽게 쉽게 브랜드 옷을 사지는 않게 된 부분도 있습니다.

- 《앞으로의 라이프스타일》, 가도쿠라 타니야 외 4인 저

이런 문구를 보면서 **옷은 내 생활을 보여주는 상징같은 물건이라는 생각이 들었다.** 싸구려 옷이 산처럼 쌓인 모습은 옷뿐만 아니라 이것저것 시도하다가 하나도 제대로 못 끝낸 내 생활을 보여주는 것만 같다. 옷장을 볼수록 마음이 무거워졌다. 어떻게 이제까지 아무렇지 않게 이런 옷장을 보며 살았지?

이제는 나도 변할 때가 된 것 같다.

쇼핑 전에
나를 먼저 알자

처음에 '딱 1년만 옷 안 사기'를 시작했을 때는 조금씩 새는 돈을 잡는 것이 목표였다. 하지만 시간이 지나자 '버리기'의 가치와 자존감 회복에 눈뜨게 되었다. 아이를 낳은 뒤 살이 찐 나는 항상 화장 안 한 맨얼굴에 트레이닝복 차림으로 집에만 있었다. 그런데 옷을 안 사기로 하면서 아이러니하게도 옷에 더 관심을 갖게 되었고 나 자신에게도 더 관심을 가지게 되었다.

==1년간의 시간을 쇼핑을 참는 고통스러운 시간이 아니라 내가 더 멋져지는 과정으로 만들기로 했다.== 이제부터 그저 옷 안 사기가 아닌

'내 옷장에서 쇼핑하기'를 시작하기로 했다. 그래서 3단계 할 일 리스트를 작성했다.

1단계 **옷 안 사기**

❶ 옷 안 사기
❷ 운동하기
❸ 데일리룩 기록하기

2단계 **남길 옷 고르기**

❶ 남길 옷 기준 정하기
❷ 이미지 메이킹 강의 듣기
❸ 매달 외출복 두 세트를 미리 골라놓기
❹ 잡지, 인터넷 사진 참고하기

3단계 **나머지 정리하기**

❶ 옷 90% 정리하기
❷ 정리한 옷 판매 · 기부하기

나는 매일 같은 옷을 입는 유니폼 프로젝트는 내키지 않았다. 내가 애플이나 페이스북을 만들 것도 아닌데, 옷 고르는 시간과 노력을 줄여서 대단한 일을 할 것 같지는 않았다. 평범한 주부가 무슨 옷을 입든 아무도 신경 쓰지 않는다는 것을 안다. 하지만 남에게 보이기 위해서가 아니라 스스로의 즐거움을 포기하고 싶지 않다. 왠지 잘 어울리는 옷을 입는 날은 기분이 좋고 하는 일마다 잘 풀리는 느낌이 들기도 하니까.

옷을 잘 입기 위해서는 무엇이 나에게 어울리는 옷인지 구체적인 기준이 필요하다는 생각이 들었다. 패션이나 이미지 메이킹 관련 강의를 알아보기로 했다.

내가 원하는
내 모습을
고민하다

———————————————

나를 알기 위해 강의를 들어보기로 했다. 각종 강의를 소개하는 사이트에 들어갔다. '옷장에 옷이 가득한데 정작 입을 게 없네. 정확한 체형 진단을 통해 본인에게 맞는 옷을 구매하고 싶은 분'을 위한 강의라는 소개글에 이끌려 한 강의를 신청했다.

강사는 굉장히 날씬하고 예뻐서 저렇게 되고 싶다는 동기부여를 잔뜩 받았다.
그런데 일곱 명 이내의 소규모로 진행하긴 했지만 강의 시간이 너무 짧았다. 두 시간 30분 동안 퍼스널 컬러(타고난 개인의 신체 컬러)

를 찾고 얼굴형이나 체형을 검토하다가 스타일링 파트는 거의 못 하고 끝났다. 두 명씩 짝을 지어서 서로를 체크해줬는데 나와 짝꿍은 아무리 봐도 모르겠다는 결론을 내렸다.

다행히 샘플모델을 한 명 뽑아 선생님이 직접 봐주며 설명하겠다고 하기에 나는 '아들 과자값 아껴서 강의 들으러 왔으니 뽕 뽑겠다'는 일념으로 손을 번쩍 들었다. 엄마가 되기 전엔 안 그랬는데 이러다 곧 지하철 빈자리에 가방을 던질 것 같다.

하지만 간만에 외출한다고 신나서 서클렌즈에 화장도 두껍게 하고 가는 바람에 내 피부색이 따뜻한 톤(웜톤)인지 시원한 톤(쿨톤)인지 찾는 것부터 난항을 겪었다. 나는 웜톤인 것 같다는 판정을 받았는데 이렇게 헷갈릴 정도면 그냥 아무거나 해도 될 것 같다는 생각이 들었다. 또 얼굴이 긴 편이라 머리를 자르고 염색할 것을 권유받았다.

코디법을 공부해서 있는 옷으로 잘 입어보자는 '옷 안 사기 프로젝트'와는 맞지 않을지도 모르겠지만 이런 수업은 처음이라 재미있었다. 돈 들여 강의를 들었으면 뭐라도 해야 되지 않겠나 싶어 배운 걸 실천해보기로 했다.

강의 때 가장 많이 지적받은 건 헤어스타일이다. 나는 얼굴이 크고 길며 턱이 각진 편이다. 지금의 긴 생머리는 단점을 부각시킨다고 했다. 이마가 좁은데 앞머리도 있어 답답해 보인다고도 했다. 얼굴이 긴 데다 눈코입이 위쪽에 있어 하관이 더 넓어 보이고 볼에 여백이 많아 보이는 얼굴인 것 같다.

강사는 앞머리를 없애고 어깨를 중심으로 쇄골까지 내려오는 단발머리를 추천해줬다. 머리카락 끝부분을 과하지 않게 살짝 말면 긴 얼굴형과 턱을 커버할 수 있다고 했다. 염색은 내 퍼스널 컬러인 '가을 웜톤'에 맞춰 카키브라운을 추천해줬다.

고민 끝에 미용실로 향했다. 앞머리는 일단 놔두기로 했다. 얼굴을 다 드러낼 용기가 없었다.
처음으로 연예인 사진까지 열심히 찾아서 들고 갔다. 똑같이 해달라는 게 아니라 헤어스타일만 참고하려고(양심 有).
'이런 헤어스타일이 긴 얼굴형에 좋다는 말이지?'라며 두근두근 미용실 문을 열었다.
그리하여 다녀온 결과는… 미용실에서 아무것도 못했다는 것.

다시 자라난 머리카락

임신·출산 때 자란 머리카락(개털)

임신 전 머리카락은 괜찮음

임신과 출산은 대체 여자의 몸에 얼마나 큰 영향을 끼치는 것인가. 영양분을 아이에게 죄다 뺏기는 것인지, 임신 중에 자란 머리카락 중간부분이 개털처럼 되어서 미용사는 지금 손대지 말기를 권했다. 지금 자르면 상한 부분이 끝에 오게 되어 중구난방으로 뻗쳐서 더 지저분해진다는 것이다.

상태가 괜찮은 머리카락 끝부분만 파마할 수도 있지만 그렇게 해도 얼굴형 커버에 의미가 없다고 한다. 뭐든 하고 싶으면 중간부분이 더 자라서 끝으로 왔을 때 싹 잘라버리고 그때 하라고 했다.

그래서 결국 평소와 똑같은 머리로 돌아왔다. 기대했던 변신은 보류됐다. 영화에서처럼 극적인 변신은 현실에서는 불가능하구나.

몇 달 뒤에는 메이크업 강의를 들었다. 어느 인터넷 카페에서 변신을 자신한다는 강의 홍보 글을 보고 고민 끝에 지원했다.
그런데 그런 강의가 처음이라 원래 그런지는 모르겠지만 사람이 열다섯 명 정도로 많아서 강사가 한 명씩 봐줄 수가 없었다.

그래도 컬러 진단은 해준다기에 맨얼굴로 갔다.
강사가 나는 다른 사람과 다르게 판정을 내리기 어렵다며 진단 천을 들고 한참을 고민했다. 그러다 봄과 가을 모두 어울리는데 30대니까 가을로 진단을 내려주겠다고 했다. 이게 나이에 따라 정해지는 거였어? 뭔가 이상한데.

아이메이크업 시간에는 TV에서만 보던 속눈썹 붙이는 방법을 알려줬다. 나처럼 외꺼풀인 사람들은 속눈썹을 붙이면서 쌍꺼풀을 만들라고 했다. 검사를 통과해야 집에 갈 수 있어서 만들긴 했는데 난 원래의 내 눈이 좋다.
강사가 획일화된 모습을 권했다는 점이 아쉬웠다.

뭔가 변할 줄 알았는데 역시 변화가 별로 없었고 돈도 아까웠다. 다음에 기회가 있다면 정식 메이크업 강사에게 1대1로 배우는 게 나을 것 같다. 집에서 아들을 봐주는 남편에게 미안했다.
얼마 후 그 카페는 미용용품 다단계 판매 의혹으로 시끄러워졌다.

나는 어떤 모습이 될 것인가? 어떤 사람이 되고 싶은 걸까? 누가 알려주길 기대하는 것보다 혼자 고민을 더 해봐야 할 것 같다.

어렸을 땐 내가 이런 모습으로 살 거란 생각은 하지 않았는데…
그렇다고 20대 때 모습으로 살고 싶은 것도 아니다.
내가 원하는 나는 대체 어떤 모습인 걸까?

출산 후 7kg 증가

결혼 전　　　　　　　　　　　결혼 후

나에게 맞는
헤어스타일

돈이 똑 떨어진 관계로 무료 강의나 아주 저렴한 강의가 없나 찾아봤다. 알고 보니 백화점 문화센터에 다양한 강의가 있고 천 원짜리 특강도 많았다. 시간이 맞는 메이크업 강의에 갔더니 나까지 총 세 명이 앉아 있었다. 사람이 적으니 선생님이 한 명씩 메이크업을 봐주고 서로 칭찬도 해줘서 아주 화기애애하고 재미있었다.

옷장에서 쇼핑하기 프로젝트의 일환으로 메이크업 강좌를 들어보기로 한 것은 나에게 어울리는 것과 내 취향을 탐색해보고 싶었기 때문이다. '패션의 완성은 얼굴'이라는 말을 실감하기도 했다. 운동을 꾸준히 하고 메이크업에 신경 쓰면 있던 옷을 입는 맛도 달라지지 않을까 하는 생각이 들었다.

강사가 메이크업 시연을 해주었는데 나만 메이크업을 하지 않고 와서 메이크업을 처음부터 끝까지 받을 수 있었다. 나는 하관이 넓은 게 콤플렉스였는데 이런 하관이 말년 운이 좋은 거라고 했다. 피부가 여드름 자국으로 지저분한 것도 엄청 신경 쓰고 살았는데 강사는 평범한 편이라고, 괜찮다고 해주었다. ==남들은 신경 안 쓰는데 내 흠을 내가 잡으며 평생 괴롭게 살아왔던 것인가 싶어 반성했다.==

강사는 자신의 주특기는 헤어라며 헤어 강의도 있으니 들으러 오라고 했다. 그래서 신청한 '나에게 어울리는 헤어 컬러와 스타일 찾기' 강의는 역시 단돈 천 원만 내면 들을 수 있었다. 강사는 처음 30분은 일반적인 헤어스타일과 퍼스널 컬러에 대한 이야기를 해주었고 남은 한 시간 동안에는 한 명씩 직접 스타일링을 해주었다.

강의에 따르면 헤어스타일마다 다음과 같은 이미지를 가진다고 한다.

1. **단발**   무난하고 우아하고 고급스럽다. 하지만 관리를 잘해야 한다.

2. **올림머리**   특별하다. 하지만 우리나라 사람들은 두상이 납작하고 직모
가 많아서 올림머리가 어울리려면 솜씨가 좋아야 한다.

3. **커트**   시크하고 세련된 느낌을 준다. 커트는 가르마 방향과 두상에
따른 볼륨감이 중요하고 2~4주에 한 번 손질해줘야 한다.

4. **롱헤어**   여성스럽고 사랑스러운 느낌을 준다.

또 헤어에 있어서 전체적으로 중요한 건 가르마와 헤어컬러라고 했다. 자신에게 어울리는 헤어컬러를 정하기 위해 강사가 한 명씩 퍼스널 컬러를 봐주었다. 나는 웜톤 중에서도 골격이나 이미지가 봄 같다고 했다. 저번 메이크업 수업에서는 가을이라고 해서 그동안 가을 관련된 책을 찾아보고 립스틱도 한두 개 샀는데 여기서는 봄이라니. 어렵다, 어려워.

이후 한 명씩 헤어 고민을 들어주고 해결책을 알려주면서 직접 시범을 보여줬다. 내 고민은 얼굴형에 어울리는 헤어스타일을 찾는 것이었다. 강사는 일단 좀 더 밝은 염색이 좋겠다고 했다.
그리고 긴 얼굴형을 커버하기 위해 지금의 일자 앞머리보다 이마 한쪽이 드러나는 게 좋겠다고 했다. 가르마가 사선으로 엉망인데 제대로 잡고 네모난 턱을 커버하기 위해 기장을 좀 자른 뒤 머리카락 끝을 안쪽으로 말면 좋다고도 했다.

느낌만 보라며 스타일링 제품으로 머리를 만져주었는데 뭔가 익숙했다. 몇 개월 전 첫 강의 때 들은 이야기와 똑같았기 때문이다. 역시 나한테 어울리는 헤어스타일은 이건가? 바로 50% 할인쿠폰을 주는 미용실을 찾아서 방문했다. 다행히 그사이에 머리가 자라기도 하고 복구도 많이 돼서 끝에 컬 정도는 넣을 수 있다고 했다.

머리를 하고 와서 남편에게 뭐 달라진 거 없냐고 물으니 뭐가 다른지 모르겠다고 한다. 남자들이란. 그래도 오랜만에 머리를 하니 기분이 정말 좋아졌다. 육아와 살림 말고 뭔가를 배우고 있다는 자체가 좋았던 것 같기도 하다.
저렴하고 좋은 강의가 이렇게 많았다니, 옷 살 시간과 정성으로 이런 강의를 더 자주 들어야겠다.

옷이
아니라
몸에 투자하자

옷 안 사기 프로젝트를 시작한 지 6개월이 지났다.
중간점검을 해보기로 했다. 제일 큰 문제는 몸무게다.
작년 여름부터 매주 3회 1대1 PT를 받고 있다. 덕분에 62kg에서 58.5kg까지 빠지고 어깨와 허리도 교정되고 있으며 근육량도 늘었다.

최근에는 날씨가 따뜻해지고 곧 여름이 올 것 같아서 선생님 몰래 더욱 다이어트에 박차를 가했다. 아침은 원래 먹던 대로 우유 하나, 점심은 편의점 곤약국수(75kcal), 저녁은 일반식으로 3분의 2만 먹었다. 이렇게 했는데 오히려 몸무게가 59.9kg로 늘어난 게 아닌가! 그래, 솔직히 60㎏다. 앞자리가 바뀌어버린 것이다.
아니, 배고프고 힘들어 죽겠는데! 몸무게가 늘었으니 근육이라도 늘었나 싶어서 인바디를 재봤지만 그것도 아니었다. 미치고 환장할 노릇이다.

결국 트레이너에게 그간의 일을 털어놓았더니 트레이너는 대노하며 그놈의 곤약국수 다 갖다버리라고 했다. 나트륨이 얼마나 들었는지는 체크했냐며. 어쩐지 맛있더라. 살 안 찌고 맛있는 음식이 존재하는 줄 알았다. 또 트레이너는 왜 단백질은 하나도 안 먹었냐며, 다이어트에 지름길 따위 없다며 일장연설을 했다. 암튼 돈 주고 혼나려면 피트니스센터가 최고야!

생각해보니 저번에도 굶고 운동했는데 어지럽고 살은 하나도 안 빠져서(근육만 빠졌다) 트레이너에게 혼난 적이 있었다.
안 먹을 땐 예민해져서 남편한테 성질만 내고 다시 먹었더니 몸무게가 더 늘었지. 나란 인간, 조급하면 망각하기가 너무나 쉬운 것이다.

왜 이깟 4~5㎏ 때문에 내가 맨날 스트레스 받고 머리 쥐어뜯으며 살아야 하나. 그래서 결심했다. 6월 말까지 55㎏이 되지 않으면 옷 안 사기 중간 상품인 원피스는 못 받는 걸로.

이 결심을 블로그에 공표해 배수진도 쳤다.

트레이너는 아침은 우유와 닭가슴살, 점심은 일반식 3분의 2, 간식은 운동 후 고구마 2개와 닭가슴살, 저녁은 일반식 3분의 2를 먹으라고 알려주었다. 예상보다 많이 먹으라고 하는 것 같아 망설여졌다. 좀 덜 먹어야 빠지지 않을까?

하지만 이후 갑자기 바쁜 일이 생겨 열흘간 하루 한 끼도 겨우 먹는 생활이 이어졌다. 그 와중에도 혹시나 하고 기대했지만 살이 하나도 안 빠졌다. 그다음부터 다시 밥을 제대로 먹기 시작하며 '에라이, 망했어! 안 먹어도 그 정도인데 먹기 시작했으니 엄청 찌겠어!'라며 우울해했다.

그런데 이게 뭐야. 오늘 아침에 재보니 몸무게가 60kg에서 58kg로 바뀌어 있었다. 인체의 신비인가. 어떻게 된 노릇인지 모르겠다. 과한 노력은 안 하느니만 못한가 보다. 운동을 꾸준히 하니 땀이 잘 나면서 여드름도 조금 줄어든 느낌이다.

그동안 옷에 투자하느라 몸에는 너무 무심했다. ==옷은 몸을 돋보이게 거들 뿐인데 나는 거꾸로 생각하고 있었던 게 아닐까?== 문제는 옷이 아니라 내 몸이었는데 말이다.

내면의
소리를
듣다

전에 이미지 메이킹 강의를 들었지만 단발성 특강으로는 부족함이 느껴져서 이미지 코칭 정규 강의에 등록했다. 《외모는 자존감이다》(김주미 저, 다산4.0)라는 책을 읽고 좋은 느낌을 받았는데 저자가 강의도 하는 걸 보고 바로 신청했다.

주중에 하는 저녁 강의를 듣기 위해 인천에서 분당까지 갔다. 육아를 해야 하는 나에겐 여러모로 도전이었다. 정말이지 아기 낳고 친정 옆으로 이사하길 천만 다행이다 싶다. 엄마 사랑해요!
강의 들으러 가느라 엄마도 나도 힘들었지만 아이 낳고 집에 있으면서 요즘만큼 나에게 집중한 적이 있었나 하는 생각이 들었다.

첫 수업은 자신의 이미지를 체크하고 목표 이미지를 설정하는 것이었다. 먼저 이미지에 대한 전반적인 설명을 들었다. 선생님은 외모를 돌보는 것은 인생의 전부도 아니고 너무 폄하할 것도 아니고 그저 '나를 사랑하는 과정'이라고 했다.
예뻐지는 게 목표가 아니라 '나는 어떤 사람인가'를 고민하고 내가 어떤 사람인지를 '타인에게도 정확히 전달하는 일'이 이미지 메이킹이라는 것이다. 그러기 위해선 내가 원하는 이미지를 명확히 해야 하고, 스스로 자신감을 가져야 한다. 만들어진 가짜를 '짠' 하고 보여주는 것이 아니라 원래 갖고 있던 장점을 제대로 보이는 것이 중요하다고 했다.

따라서 미의 기준을 외부에 둘 필요는 없으며 외모를 가꾸는 일은 자신을 스스로 돌보며 긍정적인 자아상을 갖게 하는 '격려'라고 했다. 이미지 메이킹은 TV에 나오는 것처럼 전문가가 누군가를 확 변신시켜주는 것이라는 생각을 갖고 있었는데 이번 수업으로 편견이 깨졌다.

선생님이 준비해준 체크리스트를 작성하면서 나에게 부족한 점은 무엇인지, 발전하도록 노력할 지점은 무엇인지 고민해보는 시간을 가졌다. 기존의 나를 한마디로 정의해보라는 항목은 결국 수업시간이 끝날 때까지도 쓰지 못했다. 단점은 엄청 많이 썼는데 말이다. ==내가 어떤 사람인지 생각해본 적이 없었기 때문이다. 그저 되고 싶은 모습만 있었다.== 지금의 나를 인정하지 않고 있었나?

선생님은 내 이미지를 결정하는 것은 나에 대한 스스로의 생각이지 남의 평가가 아니라고 계속 강조했다. 제일 중요한 건 표정이라고 하며 자신의 무표정과 웃는 표정을 찍어보라고 했다. 다른 사람의 사진을 보니까 정말 중요하다는 게 실감이 났다. 덕분에 힘내서 마지막 문항을 완성했다.

나는 어떤 사람이라는 이야기를 듣고 싶은가?

→ 상냥하지만 할 말은 하는 사람. 은은한 미소, 당당한 눈빛. 곧은 자세와 차분한 말투. 적당한 몸매에 단정한 옷차림.

2주차에는 퍼스널 컬러 전문가가 초빙되었다. 알고는 있었지만 비싸서 엄두를 못 냈던 전문 단체였다. 나는 곧 닥칠 일을 예상하지 못한 채 맨얼굴로 신이 나서 앉았다.

이제까지 퍼스널 컬러 진단을 받을 때마다 다들 헷갈려하긴 했지만 모두 웜톤이라고 말해주었다. 얼마 전 파운데이션을 바꿀 때도 웜톤 컬러를 추천받았기 때문에 나는 웜톤이라고 확신하고 있었다.
분명 당일 입고 온 옷도 체크할 거라 생각해 웜톤에 어울린다는 카키색 야상을 척 걸치고 자신만만하게 갔다.

그런데 뜻밖에도 내 피부 톤은 '여름 뮤트'라는 계열로 카키색은 어울리지 않으니 절대 입지 말라고 했다. 웜톤 판정을 받고 그동안 슬금슬금 모은 립스틱이 머리를 스쳐 지나갔다.
처음부터 전문가한테 받을 걸! 뭐 한다고 이제까지 뻘 짓을! 내 돈! 내 시간! 내 노력! 으어어어어!

알고 보니 다운된 뮤트 톤은 다들 헷갈린다고 한다.
특히 여름 뮤트 톤과 가을 뮤트 톤은 혼동하는 경우가 많다고. 그러면서 내가 전혀 시도해보지 않은 약간 보랏빛이 도는 팥죽색 화장품을 추천해주었다. 또 이름에 '오키드'가 붙으면 거의 맞을 것이라고 알려주었다.
집에 가는 길에 들른 화장품 가게에서 한번 발라봤더니 정말 의외로 어울렸다.

돌아와서 한참을 고민하다가 이런 생각이 들었다.

'톤이라는 게 그렇게 전문가도 헷갈릴 정도라면 굳이 그것에 연연할 필요가 있을까?'

괜히 선입견만 생기는 게 아닌가 싶은 생각이 들었다. 그냥 다 입어보고 발라보고 고르는 게 최고인 것 같다. 컬러 테스트는 참고만 하되 좋아하는 거 입고 바르자, 그냥 입고 바르고 내 기분이 좋으면 좋은 거 아닌가, 그런 결론을 내렸다.

특히 남편이 "색깔이 문제가 아니야. 이목구비가 문제지"라고 '팩트 폭력'을 날려주어서 크게 깨달았다. 아… 그렇구나….

겉모습에 앞서
마음을 바꾸다

이미지 메이킹 목표를 세웠던 1주차, 나에게 어울리는 퍼스널 컬러를 찾은 2주차에 이어 드디어 구체적인 스타일을 알아보는 3주차 수업이 되었다. 패션에 대해서는 스타일리스트가 따로 강의를 진행했다.

패션 역시 지금 나 자신이 어떤 사람으로 보이는지, 앞으로 어떻게 보이고 싶은지 적어보았다. 나에게 어울리는 옷을 입고 체형 커버도 해야 하는데 세상엔 예쁜 옷도 많고 입고 싶은 옷도 많고 싼 옷도 많다. 그 속에서 '어떤 옷을 왜 입어야 하는가'를 고민하고 정립해보는 시간이었다.

CONCEPT & STYLING PLAN
이미지 체크표

클래식한 ☐	**모던 시크한** ☐	**이국적인** ☐
섹시한 ☐	**로맨틱한** ☐	**우아한** ☐
트렌디한 ☐	**타이트한** ☐	**여유 있는** ☐
자연스러운 ☐	**편안한** ☐	**고급스러운** ☐
부드러운 ☐	**카리스마(엣지) 있는** ☐	**따뜻한** ☐
귀여운 ☐	**밝고 화사한** ☐	**분위기 있는** ☐
여성스러운 ☐	**중성적인** ☐	**도시적인** ☐
독특한 ☐	**스포티한** ☐	**심플한** ☐

강의에 참석한 사람들끼리 체크표를 롤링페이퍼처럼 돌려가며 서로가 어떻게 보이는지 동그라미를 쳐주었다. 다른 사람이 나를 어떻게 보는지 궁금하긴 해도 물어보기는 애매했는데 구체적인 단어가 제시되어 있으니 주관식보다 훨씬 수월했다.
나는 '편안한', '부드러운'이라는 이미지에 중복 체크가 많았다.

그다음에는 내가 원하는 이미지를 빨간색으로 표시했고 그중 제일 중요한 단어 두 개에 별표를 했다. 나는 지난 강의를 들으면서 스스로 '고급스러운'과 '여성스러운' 이미지를 원한다는 사실을 알게 되어서 그 단어에 체크했다. 그렇게 해보니 다른 사람이 보는 내 모습과 내가 바라는 내 모습 간의 괴리를 실감할 수 있었다.

내가 친숙하고 흔한 이미지인 건 알고 있었다. 가장 많이 들은 말이 '아는 사람 닮았다'였기 때문이다. 그리고 계속 고민해본 결과 제일 큰 이유는 내 대화 방식 때문인 것 같았다.
예를 들어, 사람은 누군가 "우리 집 더러워요"라고 하면 "우리 집도 더러워요"라고 동조하거나 "이렇게 하면 깨끗해져요"라고 충고하는 두 가지 타입으로 나뉜다. 나는 전자였다. 덕분에 상대방이 쉽게 동질감을 느끼지만 금방 우습게 보거나 도리어 나에게 충고를 하기도 한다.
그래서 나는 목표를 '쉬워 보이지 않는 사람'으로 정했다. 그러자 선생님은 긍정적인 단어를 써야 한다며 '고급스러운'으로 수정해주었다.

그런 다음 한 사람씩 앞으로 나가면 스타일리스트가 체형을 분석해주고 어울리는 스타일을 알려주었다. 내 고민은 세 가지였다.

1. 출산 후 살이 쪘다.
2. 얼굴이 크다.
3. 캐주얼보다 정장이 더 어울리는데 주부라 캐주얼한 옷을 입을 일이 많다.

여기에 대해 스타일리스트가 알려준 패션 조언은 이렇다.

1. 목둘레선이 좁은 옷은 피하고, 안 되면 큼직한 목걸이로 깊은 목둘레선을 만든다.
2. 짧은 치마보다 무릎 길이까지 내려오는 치마를 입어야 통통한 허벅지를 가려줘서 날씬해 보인다.
3. 동그란 구두보다 뾰족한 구두, 무광보다 유광이 고급스러운 이미지에 어울린다.
4. 캐주얼이라고 너무 편하게 입기보다 곡선인 몸을 커버하는 직선형 옷(재킷 등)을 입는 게 원하는 이미지에 맞을 것이다.

또한 내가 네모난 턱을 커버하길 원하자 선생님은 다음 조언을 해주었다.

1. 가르마를 1:9나 2:8로 바꿀 것
2. 앞머리를 길러서 이마를 드러낼 것(이마를 덮으면 드러나 있는 턱만 보인다고 한다)
3. 머리를 길러서 턱 인근부터 웨이브를 줄 것
4. 이마를 드러내면 눈썹을 꼭 그릴 것
5. 염색을 한다면 붉은 갈색 톤으로 할 것
6. 아이라인, 아이브로 등은 검은색보다 갈색을 선택할 것

쿨톤이라고 다 블랙이 어울리는 건 아니었다. 눈썹도 직접 다듬는 쉬운 방법을 알려주었다. 눈썹은 별로 신경쓰지 않았는데 인상이 미묘하게 달라졌다.

4주차는 다 같이 쇼핑을 가는 시간인데 아쉽게도 나는 일정이 있어서 불참했다. '어차피 나는 올해는 쇼핑 안 하기로 했으니까'라며 아쉬운 마음을 달랬다.

드디어 마지막 강의다. 5주간의 강의는 '나는 어떻게 살고 싶은가'를 찾아내는 여정이었다. 이 강의에서는 남들과 비교해서 "예쁘다" 소리를 듣는 것은 전혀 중요하게 생각하지 않았다. 신기한 경험이었다.

마지막 강의에서는 첫날 모이자마자 체크했던 리스트를 다시 체크해보는 시간을 가졌다. 쉰 개의 체크리스트 내용은 이런 식이다.

나는 나를 사랑하는가.
나는 긍정적인 태도를 가지고 있는가.
나는 내게 주어진 것들에 감사하는가.
매일 짧게라도 나를 돌아보는 점검의 시간을 갖는가.

수강생 대부분이 첫날에는 스무 개 이상을 체크하지 못했다. 하지만 5주차의 강의에서는 대부분 마흔 개 가까이 체크했다. 결과를 보고 한 수강생이 말했다.

"선생님은 우리 겉모습도 바꿨지만 마음을 먼저 바꾸신 거군요!"

그렇다. 우리는 5주 동안 조금씩 바뀌었다.
다들 헤어스타일을 바꿨고 옷을 바꿨다. 그런데 무엇보다 표정이 바뀌었다. 밝고 환해졌다. 5주간 연예인처럼 엄청나게 예뻐진 게 아니라 '아, 나를 알아가는 첫 단계를 밟았구나. 난 할 수 있는 사람이구나' 하는 것을 깨닫고 계속 노력할 의지가 생겼다.

나는 입이 돌출되어 있고 웃을 때 잇몸이 드러난다는 콤플렉스가 있었다. 광대며 턱이며 입이며 각자 살겠다고 튀어나와 있어서, 사진만 찍으면 못생겼다는 생각이 저절로 들었다. 그래서 학교 다닐 때도 사진만 찍는다고 하면 도망갔고 단체사진에도 자주 빠졌다. '셀카'는 거의 입을 앙 다물고 찍었고 모든 사진이 비슷했다.

그런데 매일 자신에게 미소 짓는 사진을 찍어 '단톡방'에 올리는 게 과제여서 정말 힘들었다. 처음엔 똑같이 앙 다문 표정의 사진을 계속 올렸더니 선생님이 표정을 바꿔보라고 했고 다른 수강생들도 격려해주었다. 너무 힘들어서 아이와 함께 장난치면서 사진을 찍기도 했다.

용기를 내 이를 드러내고 자연스럽게 웃는 모습을 찍어 올렸더니 훨씬 반응이 좋았다. 선생님은 내 콤플렉스는 나만 알지 말 안 하면 다른 사람은 모른다고, 그냥 자신 있게 행동하라고 말해주었다. 덕분에 요즘 찍은 사진에는 거의 활짝 웃는 모습이 찍힌다. 나에게 있어 정말 큰 변화다.

세상에는 옷이 참 많다. 요즘엔 예쁜 게 싸기까지 하다.
하지만 모든 옷을 다 입을 순 없다. 그렇다면 무엇을 기준으로 옷을 고를까? 그 기준을 생각해보는 강의였고, 그건 바로 '나의 내면의 소리'라는 결론을 얻었다.

남길 옷의
기준을
정하다

———————————

앞서 이미지 메이킹 강의를 들으며

1. 나는 어떤 사람인가?
2. 남들에게 어떻게 보이고 싶은가?

이 질문에 대답하려니 너무 막연했다.
한 번도 생각해본 적 없는 부분이어서 진지하게 고민해보기로 했다.

나는 어떤 사람이고 남들에게 어떻게 보이고 싶은가?

내가 외모에 관해 제일 많이 들은 말은 "저 아는 사람 닮았어요"다. 흔하고 밋밋한 인상이란 뜻일 것이다. 하지만 밋밋한 이목구비는 내가 어찌할 수 있는 문제가 아니니 포기했다. 대신 다른 방법은 없을까 고민했다.

그렇다면 내가 듣고 싶은 말은 무엇일까?
"의외예요", "고급스러운", "여성스러운" 등이다.

요즘 "여자분이셨네요?"란 말을 자주 듣는다. 블로그 아이디를 보고 남자라고 생각한 사람이 많았나 보다.
이 이야기를 들었을 때 재미있기도 했다. 덕분에 밋밋한 인상임에도 사람들이 나를 잘 기억할 수 있는 것 같다. 이런 반전 매력이 있으면 좋겠다는 생각이 들었다.

또한 강의 때 도출한 "고급스러운(쉬워 보이지 않는)", "여성스러운"이라는 말도 듣고 싶다. 그러기 위해서 실천할 항목을 두 가지 도출했다. 첫 번째는 (너무 후줄근하지도 않고 너무 세 보이지 않는) 단정한 옷 입기다. 두 번째는 싸구려 옷은 그만 사고 하나를 사도 좋은 걸로 사자는 것이다.

==내게 어울리는 스타일은 무엇일까?==

이 질문 역시 막연해서 질문을 세분화해봤다.

나이에 어울리는가?
──→ 30대 중반~40대 초반에 맞는 옷인가?

체형에 어울리는가?
──→ 덜 뚱뚱해 보이는 옷인가?

상황에 어울리는가?
──→ 정장만 너무 많은 게 문제다.

내가 가진 옷은 모두 정장 아니면 아예 트레이닝복이다. 사람을 만날 때 과하지 않으면서도 실례되지 않는 평상복이 없다. 정장은 절반 이상 정리하고 적당히 편한 옷을 계속 찾아보고 입어보기로 했다.

우선 할 일은 안 입는 정장, 싼 티 나는 옷, 나이에 안 맞는 옷, 뚱뚱해 보이는 옷을 버리는 것이다. 그런데 적다 보니 왠지 날씬하지 않다는 것에 너무 연연하고 있는 것 같기도 하다.

도대체 날씬함의 기준은 누가 세운 거지?

좀 더 고민을 계속해보기로 했다.

외출복을
미리
지정해놓자

약속이 생겼다. 그럼 여지없이 거치는 3단계.

1단계 그날 뭐 입고 나가지?

2단계 옷장을 열어봐도 영 입을게 없네.

3단계 어쩔 수 없이 옷 하나 사야겠다.

그래서 미래의 나에게 '넌 입고 나갈 옷이 있다. 정신 차려라'라고 알려주기 위해 외출복을 미리 지정해놓기로 했다. 이미지 메이킹 강의에서 들은 팁을 참고하기로 했다. 그런데 이걸 준비하면서 난항에 빠졌다.

'도대체 작년에 뭘 입고 다닌 거지. 아무리 봐도 입을 옷이 없는데.'

그때 예전에 찍어뒀던 데일리룩 사진들이 큰 도움이 됐다. 내가 어떤 옷을 편하게 자주 찾는지 알 수 있었다. 그래서 옷을 두 종류로 나누고 사진을 찍어두기로 했다.

- 정 **정장 스타일** 경조사, 종교행사
- 캐 **캐주얼 스타일** 강의 참석, 친구 만남

이렇게 나누고 월별로 입을 옷을 지정해서 사진을 찍었다. 앞서 도출했던 '단정한 스타일, 싸구려 금지'를 염두에 두고 옷을 골랐다. 회사 다닐 때 입었던 멀쩡한 옷들이 그대로 장롱 속에 있어서 그걸 주로 활용했다.

다이어리를 보니 막상 외출할 일이 생각보다 많지 않았다. 특히 만나는 사람이 겹치지 않으니 같은 옷을 또 입어도 눈치 챌 사람이 없었다. ==그동안 왜 매번 다른 옷을 입어야 한다고 생각했는지 모르겠다.==

내 몸부터
바로하자

얼마 전 블로그 이웃들과 함께 '단톡방'을 만들어서 한 사람당 3만 원씩 내놓고 살 뺀 사람만 돌려받기 내기를 하고 있다.
나는 기존에 하던 주 3회 PT와 하루 만 보 걷기 앱도 깔아서 매일 달성하고 있는데 몸무게가 꿈쩍도 안 한다.

마침 《기적의 50일》을 쓴 김성태 씨 특강이 있어 참석했다. 사실 그 책을 안 봐서 무슨 내용인지 모르는 채 강의를 들었다. 처음에는 느긋하게 듣기 시작했는데 이내 자세를 고쳐 앉았다. "몸이 변하면 인생이 변한다"라고 말한 그대로의 인생이었다.

저자는 과중한 업무로 소문난 대그룹에 공채로 입사했다. 그러던 어느 날 출근길에 교통사고를 당해서 허리를 크게 다쳤다. 그러나 허리가 다 낫기도 전에 격무와 야근에 시달렸고 아픔을 잊기 위해 매일 술을 먹고 잠을 청했다. 곧 몸은 엄청나게 불어났고 '나는 정말 열심히 살았는데 왜 이런 모습일까'라며 자괴감에 빠졌다.

고민 끝에 그는 '열심히'에는 방향이 있다는 것, 그동안 자신의 방향이 틀렸다는 것을 깨달으며 다이어트를 시작했다. 하지만 갖가지 방법으로 다이어트를 했다가 결국 요요를 맞으며 실패했다.
그러다 그는 마라톤, 수영 등 운동을 시작하며 5개월 만에 15kg을 감량했고 그 후로 각종 아마추어 보디빌딩 대회에 나가 상을 받았다.

하루 네 시간씩 운동했다는 이야기를 듣고 이 사람은 뭘 해도 해낼 사람이라고 느꼈다. 출근 전 새벽에 한 시간, 점심시간에 식사는 간단히 하고 한 시간, 저녁에도 한 시간, 열한 시, 열두 시에 퇴근하면 집으로 오는 길에 한 시간 운동해서 총 네 시간을 운동했다고 한다.
격무에 시달리면서 어떻게 네 시간이나 운동할 수 있냐고 물었더니 가장 중요한 것은 동기부여라고 했다. 자신은 곧 태어날 딸에게 부끄러운 아빠가 되고 싶지 않았다고 했다. 지금은 매년 딸과 함께 기념사진을 찍는단다. 아, 내가 그동안 시간이 없다고 말한 건 핑계

였구나.

다이어트를 한다고 하면 보통 유산소 운동을 하고, 다이어트는 배고프게 해야 하며, 술은 절대 금지라고 한다.
하지만 그는 세 가지 모두 틀렸다고 했다. 세 가지가 왜 틀렸고 어떻게 하는 게 좋은지 설명하는 게 강의의 핵심이었다. 기껏 헬스장 가서 러닝머신만 하면 안 된다고 했다.
중요한 건 근력운동! 특히 열량을 많이 소모하는 허벅지를 이용한 운동이 중요하다. 러닝머신보다 스텝퍼, 걷기보다 계단 오르내리기를 추천해주었다.

또한 배가 고프면 폭식을 하게 되니 배부르지도, 배고프지도 않은 상태를 계속 유지하라고 했다.
하루 다섯 끼를 조금씩 나눠 먹으며 꼭 커피는 식후 바로 마시지 말고 두세 시간 뒤에 마시라고 했다. 또 술은 휘발성 칼로리라 살이 찌지 않지만 문제는 안주란다. 술보다 사이다나 콜라가 더 살찐다고 했다. 어쩐지 나는 술도 안 마시는데 술자리 가면 살이 찐다 했어.

그는 운동을 시작한 뒤로 이상하게 회사에서 항상 실적 1위를 했다는 말도 했다. 성취감과 끈기를 기르고 자신감이 생기는 데는 운동이 최고라고 하면서 '수신 제가 치국 평천하'라고 했다. ==내 몸부터==

==바로 하고 가정을 사랑하니 사회에서도 인정받더란다.==

저자에게 따로 물어보니 원래 운동한다고 바로 살이 쭉쭉 빠지는 것은 아니라며 용기를 주었다. 식사량은 줄이지 말고 대신 탄수화물을 줄이고 단백질을 늘리라고 알려주기도 했다. 그동안 굶지 않아서 살이 안 빠지는 걸까, 굶어야 하나 고민했던 마음이 한결 편안해졌다.

집에 돌아오는 길에 마라톤 5㎞ 코스를 덜컥 신청했다.
한 번도 해본 적 없지만 이런 좋은 특강을 듣고 결의를 다졌을 때가 아니면 시도하지 못할 것 같았다.
목표한 만큼 빠지면 좋겠지만 그렇지 않더라도 이미 운동으로 체력이 좋아진 것을 느끼고 있다.
평생 가져갈 좋은 취미가 생긴 것 같아서 기분 좋다.

입을 게 없다?
옷장 정리가
필요한 때

저녁 날씨가 꽤나 쌀쌀해진 걸 보니 가을이 왔나 보다.
뭘 걸치려고 옷장을 들여다보니 걸려 있는 옷은 엄청 많은데 입을 게 없다.
가만히 세어보니 봄가을 아우터가 36벌이다. 트렌치코트 9벌, 재킷 11벌, 후드 4벌, 트위드 재킷 3벌, 야상이랑 청재킷 등이 9벌. 그런데 이것도 작년에 이사하면서 절반은 버리고 남은 수량이다. 맨날 가죽재킷이랑 점퍼 하나만 입는데 상전들을 이렇게 많이 모시고 있었다.

일단 급하게 트렌치코트를 정리하기로 했다.

보니까 대학생 때 입던 것도 있고 임신했을 때 입던 트렌치코트가 안 잠겨서 퇴근길에 급하게 구입한 것도 있었다. ==작년에 정리할 때 절대 못 버린다고 움켜쥐고 남겨놨는데 옷이 아니라 추억에 집착했었나 보다.== 9벌 중 6벌은 버리고 3벌은 일단 놔두었다. 남긴 3벌도 마음에 쏙 들지는 않는다. 내년에 좋은 거 딱 하나만 구입하고 지금 것은 버리자고 다짐했다.

지난 주에 동생이 지하상가와 백화점 쇼핑에 실패하고 내 옷장에 쇼핑하러 왔다. 내가 갖고 싶어 했던 셔츠를 하나 주는 대신 재킷, 카디건 2벌, 블라우스, 원피스에 가방까지 살뜰하게 챙겨갔다.

그런데 동생이랑 세어보니 카디건이 70벌이나 있었다.
거기다 다른 곳에 걸어두었던 아우터들도 발견했다.
재킷은 36벌이 아니라 44벌이었다.

이 소식을 들은 구월동 이 여사(엄마)도 출동!
카디건을 몇 개 달라시기에 또 옷장을 열었다.

"핑크색이 왜 이렇게 많아?"
"엄마, 이건 핑크가 아니라, 음… 살구색?"

PINK CARDIGAN

"이건?"

"이건 핫핑크, 저건 로즈핑크, 밑에 건 연핑크, 요건 인디핑크, 그건 딸기우유핑크… 암튼 다 다른 색이야!"

이런 대화가 오고갔다. 간만에 등짝 스매싱을 맞을 뻔했다.

더 웃긴 건 나는 카디건을 잘 안 입는다는 사실이다.
안에 뭘 입고 카디건을 걸치면 팔뚝이 너무 조이기 때문이다. 하지만 니트류가 너무 좋으니 어쩌면 좋단 말인가!
나는 입지도 못할 것을 모으는 카디건 '덕후'인가 보다.

엄마가 몇 개 골라가긴 했는데 이거 한두 벌 정리해서는 안 될 것 같아서 아예 옷장 정리를 해버리겠다고 다짐했다.

'애엄마 패션'을 위한 변명

임신했을 때만 해도 패션을 포기할 수 없다며 정장에 코트를 입고 출근했다. 아직도 옷장에는 치마와 블라우스만 가득하다. 나는 캐주얼한 스타일이 잘 어울리지 않기 때문에 아이를 낳은 후 어떻게 입어야 할지 더욱 걱정이 됐다.

아이 낳기 전, 나름 패셔니스타.

 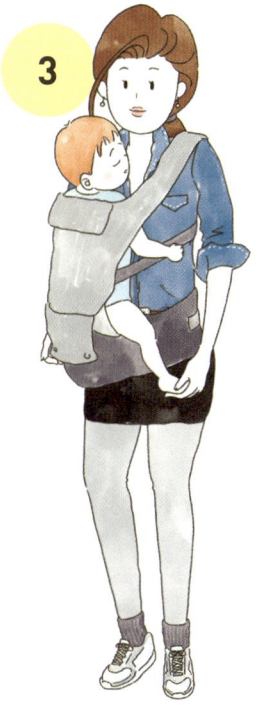

아이 낳은 후 아기띠 필수 장착. 아이가 머리를 쥐어뜯으므로 머리는 묶는다. 선글라스 끼고 걷다가 넘어지면 아이가 다칠 수 있으므로 선글라스도 빼자.

무게중심을 잡기 어려운 하이힐 대신 운동화를 신고, 움직이기 불편한 치마 대신 레깅스+양말 장착.

아이가 추울지 모르니 봄가을이라면
속싸개, 겨울이라면 담요를 씌운다.
가방은 기저귀와 물병 등 아기용품으로
빵빵하다.
아이 낳고 찐 허벅지 살과 팔자걸음 추가.

머리 못 감은 날은 모자를 쓴다.
짐이 많으면 손이 편하고 가벼운 백팩을
맨다.

6

아이의 코가 흐르면 재빨리 소매로 닦아도 마음 편한 티셔츠, 애가 흘리는 거 주우러 앉았다 일어났다 백 번 해도 뱃살에 안 끼고 엉덩이 안 보이는 바지, 아기띠 때문에 아래가 안 보여도 대충 쑤셔 박으면 불편함 없이 신어지는 신발.

덕분에 아이를 낳은 후론 세탁하다가 허리 부분이 돌아간 티셔츠를 주로 입으며, 바지는 아이 낳기 전에는 쳐다도 보지 않던 레깅스(단, 마지막 자존심 때문에 바지인 척 디테일이 있는 걸로)를 입는다. 운동화도 아기띠를 하고 신으면 허리를 숙이고 끈 묶는 게 힘들어서 슬립온만 3개를 구입했다.

옷은 T(Time, 시간). P(Place, 장소). O(Occasion, 경우)에 맞춰서 입어야 한다는데, 애엄마의 T. P. O란 과연 무엇이란 말인가?

앗, 그런데 둘째가 생겼네….
패션이고 뭐고 편한 게 최고다!

PART 3
문제는 옷이 아니라 나였어

나를 돌아보는 옷장 정리

**PART
4**

쇼핑은
심리적인
문제다

옷 안 사기 프로젝트는 단순한 절약 차원의 문제를 넘어 나를 돌아보는 기회가 되었다. 있는 옷으로 돌려 입으려니 오히려 내 체형이나 코디에도 신경 쓰게 되었다.

옷을 안 사게 되면서 옷 쇼핑도 심리적인 문제였다는 걸 깨달았다. 있는 옷을 아껴가며 관리하고 세탁하면서 만족감이 숫자에서 오는 게 아님을 알게 되었다. 옷 사는 걸 중단하고 옷장을 찬찬히 훑어보니 누렇게 변색된 채로 옷장에서 자리만 차지한 옷도 있었다. 개수가 많아 몇 개씩 겹쳐서 보관했더니 꾸깃꾸깃해지고 매번 다림질을 하기 귀찮아 안 입게 된 옷도 있었다.

==왜 그렇게 다 입지도 못할 옷을 싸게 많이 사겠다고 쇼핑몰을 들락날락하며 내 에너지와 시간을 쏟았을까.== 앞으로는 갖고 있는 옷을 활용해 입는 법을 고민하고 나머지는 정리하기로 했다. 옷 몇 벌까지 내가 관리할 수 있고 효율적으로 입을 만한지 찾아가는 과정을 시작했다.

옷장 정리를 해야겠다고 다짐하게 만들어준 카디건부터 정리해보기로 했다. 카디건은 70벌이 아니라 82벌이었다.

일단 버리거나 팔 것을 20벌 골라냄
엄마와 동생 (빌려)준 것 6벌
놔두기로 한 것 56벌

정리를 해도 티가 나지 않는 게 함정이다. 옷장을 들춰보니 한 번도 안 입어본 옷들도 있다. 듣자 하니 바자회에서는 한 벌당 3천 원에서 5천 원에 판다는데 헐값에 넘기기엔 너무 아깝다. 어떻게 해야 할지 모르겠다.

'검은색, 회색, 흰색은 원래 다들 네다섯 벌씩 있는 거 아닌가? 왜 그렇잖아, 소매에 퍼프가 있고 없고, 길이가 좀 길고 짧고, 그러면 느낌이 다르니까. 갈색이나 줄무늬도 서너 벌씩 있는데 색이 다르

니까. 암튼 그래서 못 버리겠다!'

카디건은 지금은 자주 못 입기는 하지만 운동을 하고 있으니까 살 빠지면 곧 입을 수 있지 않을까 생각했다. 다 멀쩡하니 일단 놔두기로 했다. 내일은 긴팔 블라우스를 정리해볼까 한다. 카디건을 정리하면서 살짝 세어보니 블라우스도 98벌이나 된다. 할 수 있을까?

설레지 않는 것은 버리라는 문구를 마음에 새기고 카디건, 긴팔 블라우스, 봄가을 재킷을 둘러봤다. 그리고 옷장 정리를 한 결과는 다음과 같았다.

카디건	총 83벌 - 26벌 처분 = 57벌 남음
긴팔 블라우스	총 98벌 - 23벌 처분 = 75벌 남음
봄가을 재킷	총 44벌 - 13벌 처분 = 31벌 남음

총 62벌이나 처분했는데 남은 게 아직 너무 많았다. 옷장 정리만 하면 확 줄어들 줄 알았는데 예상과 달라서 당황했다. 남은 건 다 설레는 옷인데 어떡하지? 기준이 너무 막연한 것 같다.

절대
못 버리는 건
없다

동생들을 불러다 옷 상자를 풀었다. 티셔츠, 니트 등이 들어 있던 수납박스 7개가 4개(니트 3, 원피스 1)로 줄어들었다.

잘 안 입는 코트도 처분해서 행거에 걸린 옷 4분의 1이 줄어들었다. 행거에 걸린 옷 사이 간격이 널찍해지고 따로 보관하던 아들 옷도 같이 걸 수 있게 되었다. 다음에는 수납박스 하나 더 줄이고 행거는 2분의 1로 줄이는 것이 목표다.

옷 정리를 하면서 한 번도 안 입었는데 보푸라기가 잔뜩 생긴 옷들을 발견했다. 니트는 물론이고 작아서 모셔둔 정장치마들에도 보푸라기가 생겼다. 옷을 넣었다 뺐다 하면서, 혹은 안에서 옷끼리 부대끼면서 생겼나 보다. 한 번도 입지 않았는데 입지 못하게 되다니, 속상하면서 반성도 되었다.

그러므로 옷 정리는 계속 진행할 예정이다.
==얼마 전까지만 해도 "절대 못 버려!" 했던 옷도 몇 달 지나니 버릴 수 있게 되었다는 게 신기하다.== 버릴 건 버리고 동생들도 몇 벌을 골라가고 남은 건 모두 '아름다운 가게'에 기부하기로 예약해두었다.

굽이 닳아 뒤꿈치에 구멍이 난 플랫슈즈도 너무 좋아해서 못 버렸는데 이번에 같이 버렸다. 대신 좋아했던 그 모습을 사진으로 남겼다. 신발장을 연 김에 다른 신발과 남편 신발도 몇 켤레 정리했다. 징하다, 남편. 결혼할 때 가져온 구멍 난 신발을 아직도 신고 있었다. 신발을 버렸더니 신발 정리대도 필요 없어졌다.

신이 나서 모았던 잡지와 잡지기사 스크랩북도 같이 버릴 수 있었다. 다시 볼 줄 알았는데 안 보게 되더라. 새로 나오는 정보도 다 못 보고 지나치니….

옷 정리는
반성의 시간

'아름다운 가게'에 옷 수거 신청을 해놓고 마음이 조급해졌다. 세 박스 이상이어야 직원이 방문한다기에 일단 신청해놨는데 얻어온 박스가 엄청나게 컸다. 컴퓨터용 의자를 넣었던 박스들이라 세 박스 채우는 게 여간 힘든 일이 아니었다.

옷장 정리의 가장 큰 쾌거는 남편도 참여했다는 점이다. 남편은 결혼 후 살이 급격히 쪄서 사이즈가 변했는데 옛날 옷을 안 버리는 바람에 지금 입는 옷과 섞여 있었다.
덕분에 지금 맞는 옷과 안 맞는 옷이 구분이 안 되어 있었다. 남편은 최근 자주 입는 티셔츠 세 개만 입고 벗기를 반복한다. 그러고 보면 남편도 못 버리는 병에 걸린 것 같다. 컴퓨터를 사고 남은 상자도 창고에 넣어두고, 이런저런 물건을 못 버리고 쌓아둔다. 혹시 이거 전염병인가?

하지만 남편 옷을 다 꺼내놓고 보니 사계절 통틀어도 내 한 계절 옷의 반도 안 돼서 나는 또 반성했다. 남편은 맞나 안 맞나 하나씩 다 입어보는 데 30분밖에 안 걸렸다. 그나마도 이번에 절반은 정리했다. 나만 잘하면 되겠어.

나는 태그도 안 뗀 옷들을 잔뜩 쌓아두고 있다.
같은 건데 색깔별로 사는 병도 좀 있기 때문이다.
색깔별로 사는 이야기가 나와서 말인데, 내가 여름이면 만 원짜리 고무줄바지 똑같은 걸 색깔별로 사서 돌려 입는다고 말했던가?
옷의 색깔이나 무늬도 똑같은 게 너무 많았다.
옷 정리는 항상 뉘우침의 시간이다.

"앞으로는 안 그러겠습니다, 남편님 죄송합니다."

이번에 티셔츠들도 꺼내보니 대학 때 입던 티셔츠 여러 벌을 아직도 갖고 있었다. 5년 넘은 옷이 하도 많아서 그것들만이라도 일단 정리했다.

핑크색 '샤랄라' 원피스도 참 많이 입고 다녔는데 지금 다시 입어보니 안 어울렸다. 확실히 나이에 맞는 옷차림이 따로 있는 것 같다. 오랜 시간 고마웠다, 안녕.

지금은 지퍼가 안 올라가는 55 사이즈 옷들, 보기에는 예쁘지만 레이스가 너무 과해 입지는 못하고 마네킹에만 입혀놓은 채 디스플레이용으로 썼던 원피스, 얼마 없는 브랜드 옷이라며 집착했던 원피스와 재킷, 지퍼가 아슬아슬하게 올라가서 희망고문을 당했지만 풍만한 뱃살을 적나라하게 보여주는 디자인의 원피스도 모두 안녕! 모두 좋은 곳에서 아껴주는 주인을 만나길.

집에서
입는 옷
점검하기

―――――――――――――――

얼마 전 《단순함의 즐거움》이라는 책을 보니 '전남친을 마주쳐도 괜찮은가'를 기준으로 옷을 고르라고 했다.
완전 공감하며 블로그에 적어두었더니 한 이웃이 댓글을 달았다.

'생각지도 못한 기준인데 굉장히 적절한 듯해요. 전남친에게도 보여주기 싫은 옷을 남편에게 매일 보여주고 있다는 생각이….'

댓글을 보고 공감했다. 나는 집에서 주로 세탁하다가 허리 돌아간 티셔츠처럼 버리자니 아깝고 입자니 밖에 못 나갈 옷을 입는다.

==남에게도 못 보여줄 꼴을 왜 남편에게 매일 보여주고 있었지?== 그래서 잠옷으로 입던 옷들을 정리해보기로 했다.

첫 번째 타자는 아이 낳고 입기 시작해서 몇 년이 지난, 다 늘어난 트레이닝복. 정이 참 많이 들었지만 사진으로 기억하마. 그 외에 집에서 입던 옷은 모두 목이 늘어나든 허리가 돌아가든 멀쩡한 게 하나도 없다. 지하상가에서 5천 원에 산 것들인데 뭐가 아깝다고 계속 입고 있었을까. 그동안 고마웠다. 잘 가라!

그러고 보니 유난히 집에 캐릭터 티셔츠들이 많이 굴러다닌다. 어릴 때부터 귀여운 거 모으는 걸 좋아해서 잘 입지도 않고 고이 모셔둔 알록달록 티셔츠들. 지금 보니 심지어 점원이 접어준 모양 그대로 몇 년 째 있는 것들도 있었다. 이 역시 지하상가 5천 원짜리인데 진짜 5천 원짜리처럼 보인다는 게 함정.
아무도 이해 못 할 유아 취향이니, 버리자!

'멀쩡하긴 한데' 하는 생각에 아직은 뭘 버리려고 하면 왠지 아깝기는 하다. 하지만 입지도 않을 걸 갖고만 있는 게 무슨 소용이겠는가. 이게 바로 그 유명한, 남 주긴 아깝고 나 갖긴 싫은 놀부 심보인가? 옷을 버리며 못된 심보도 조금이나마 버려본다. 내년에는 예쁜 잠옷 한 세트를 장만해야겠다.

333 프로젝트를 시작하다

'333 프로젝트'에 관한 기사를 보았다.

333 프로젝트란 3개월, 즉 한 계절 동안 33가지의 옷과 신발, 액세서리를 착용하는 것이다. 그리고 이런 아이템으로 채운 옷장을 '캡슐 옷장Capsule Wardrobe'이라고 한다. 캡슐 옷장은 곤도 마리에의 책 《인생이 바뀌는 정리의 마법》에 소개된 개념이다.

미니멀라이프가 떠오르면서 옷장을 정리하는 데 많은 사람이 관심을 갖게 되었다. 333 프로젝트가 유행하면서 '333 챌린지'라는 이름으로 3개월간 33개 아이템으로 사는 도전을 기록하는 사람도 많다고 한다.

또한 이 운동은 패스트패션에 대한 반기이기도 하다. 패스트푸드처럼 저가의 신상품을 그때그때 사 입고 쉽게 버리는 풍조가 자리 잡은 지 오래다. 하지만 패스트푸드를 먹다 보면 집밥이 그리워지듯 패스트패션도 많은 사람에게 피로감을 유발한 것 같다.

==옷을 적게 가졌다고 해서 패셔너블하지 않다는 뜻은 아니다.== 333 프로젝트를 블로그에 기록하는 사람들을 보면 기본 아이템만으로도 충분히 멋스럽다.

기사에서 333 프로젝트 과정을 블로그에 기록하는 사람의 인터뷰를 보았는데 인상적이었다. 그는 "입을 수 있는 옷가지 수를 제한하다 보니 쇼핑할 때 매우 신중해진다. 내가 갖고 있는 옷과 잘 어울릴지, 유행은 타지 않는지, 옷감이 튼튼하고 세탁은 쉬운지 꼼꼼하게 따져보게 된다"고 했다. 핵심이 되는 옷만 소량을 뽑아내는 과정에서 자신의 정체성을 알게 될 것 같다.

잡화 빼고 옷만으로 3개월에 33벌로 버틴다고 하면, 1년(4계절)이면 33×4 = 132벌? '해볼 만한데!' 하는 생각이 들었다. 333 프로젝트를 하는 분들 블로그를 찾아가 보니 계절별로 겹치는 옷이 있어 훨씬 더 적게 갖고 있다는 걸 알게 되었다. 하지만 나는 일단 132벌을 목표로 해보기로 했다. 앞서 '단정함, 싸구려 NO!'를 모토로 잡았고 외출복도 미리 뽑아놓았으니 좀 더 쉬울 것 같다. 그런 단순한 생각으로 옷장 정리를 시작했다.

* 참고: 조선일보, '셔츠3 바지3 신발3이면 한 계절 납니다', 2015. 10. 28

1차
옷장 조사

132벌을 목표로 하려면 지금 갖고 있는 옷이 몇 벌인지 알아야겠다는 생각이 들었다. 처음에는 상당히 자신이 있었다.

이사할 때 옷을 절반 정도로 확 줄였고, 또 이번에 벼룩시장과 아름다운 가게로 한차례 크게 정리했기 때문이다. 옷걸이가 가득 남아서 쌓여 있을 정도다.

그러고 보니 왜 옷걸이는 버리지 않았을까? 싸구려 세탁소 옷걸이를 왜 안 버렸지? 마치 뭔가를 다시 걸 것처럼 여운을 남긴 것 같은 기분이 들어 옷걸이부터 버려야겠다고 생각했다.

남은 옷을 세기 위해 아침에 눈을 뜨자마자 자신 있게 옷장을 열었다. 1차로 일단 아우터, 원피스, 치마, 카디건, 블라우스부터 세어보았다.

1. 겨울 아우터 - 19벌
2. 봄가을 아우터 - 28벌
3. 원피스 - 129벌
4. 치마 - 76벌
5. 카디건 - 69벌
6. 반팔 블라우스와 재킷 - 33벌
7. 안에 받쳐입는 민소매 블라우스 - 8벌
8. 긴팔 블라우스 - 75벌

그러니까 1차는 총 437벌이었다. 블라우스만 33+8+75=116벌. 카디건은 그 사이에 자가 증식을 했나? 봄가을 아우터는 실컷 정리했고 1년에 4월과 10월, 딱 두 달 입는데 왜 28벌이나 되지? 여기까지 셌는데 너무 힘들어서 니트, 티셔츠, 바지처럼 더 자주 입고 수량이 많은 건 다음에 파악하기로 했다.

옷장에서 쇼핑하기를 모토로 삼았는데 내 옷장은 정말 작은 옷가게 정도는 되는 것 같다. 그런데 억울하다. 나갈 때마다 입을 옷은 진짜 없는데 왜 이리 옷이 많은 건지.

2차
옷장 조사

1차 재고조사 결과를 블로그에 올렸는데 댓글들을 보고 좀 당황했다. 솔직히 다들 나 정도는 옷을 가지고 있는 줄 알았는데 다들 내 옷이 너무 많다고 하는 것이다. 자, 내 변명을 들어봐요!

365일 중 출근하는 날은 대충 250일이다.
원피스 129벌+블라우스(그리고 치마) 116벌 = 245일.
카디건과 아우터는 그 위에 입는 거잖아요? 그러니까 적당한 개수 아닙니까? 물론 제가 지금은 출근을 안 하지만요. 다시 한 번 말씀드리지만 제가 합리화 학과 수석졸업생입니다. 에헴.

오늘 세어볼 티셔츠와 바지는 거의 아이를 낳고서 산 것이고 주말에 주로 입는 것이다. 그러니까 단순히 옷이 많은 게 문제가 아니라 '이 블라우스에는 이 치마를 입어야 해', 아니면 '코디 걱정 없는 원피스' 하는 식으로 정해진 대로만 입는 게 문제였던 것 같다. 같은 옷도 여기저기 잘 매치하면 적은 옷으로도 돌려가며 입을 수 있는데, 패션 능력이 부족한 것도 원인이구나.

그럼 오늘은 니트, 티셔츠, 바지를 세어보자. 얼마 전 캐릭터 티를 잔뜩 버려서 다행이다. 그것마저 있었으면 다 세지도 못할 뻔했다.

1. 니트 ___ 총 75벌
- ❶ 흰니트 7벌
- ❷ 줄무늬 니트 11벌
- ❸ 기타 니트 57벌

2. 긴팔 티셔츠 ___ 68벌
- ❶ 맨투맨 10벌
- ❷ 무지 티셔츠 38벌
- ❸ 줄무늬 티셔츠 13벌
- ❹ 블라우스형 티셔츠 2벌
- ❺ 기타 티셔츠 5벌

3. 반팔 티셔츠 ___ 68벌
- ❶ 무지 티셔츠 28벌
- ❷ 줄무늬 티셔츠 7벌
- ❸ 블라우스형 티셔츠 5벌
- ❹ 기타 티셔츠 28벌

4. 긴 바지 ___ 21벌

5. 반바지 ___ 26벌

2차 재고조사 결과는 총 258벌이었다.

1차와 2차 재고조사를 다 합치면 695벌이다.(나중에 다른 데서 끼여 있던 옷들을 추가로 발견한 덕분에 700벌이 살짝 넘었다.)

이게 절반 넘게 정리한 뒤에 남은 거니 원래는 천 벌 이상 있었던 것으로 추정된다.

처음에 세어보려다가 너무 많아서 포기했던 기억이 떠올랐다. 천여 벌을 132벌로 줄이면 거의 90%를 정리한다는 건데, 엄청 사고 못 버리는 환장의 집합체다. 이런 내가 1년간 옷 안 사기에 성공하고 정리까지 성공한다면 누구나 가능하다는 뜻이 아닐까? 내가 세상에 희망을 보여주겠어!

원피스 129벌에서
17벌로 정리하기

설레는 것만 남기고 닥치는 대로 정리해서 남은 옷이 695벌. '3개월간 33벌로 살기 → 연간 132벌'을 다짐하면서 연간 132벌을 여덟 종류로 나눠봤더니 한 종류당 16.5벌만 남겨야 한다는 결론이 나왔다. 소수점을 정리해서 종류별 목표는 이렇게 세웠다.

1. **원피스**   129벌 ⟶ 17벌
2. **아우터**   47벌 ⟶ 17벌
3. **니트**   75벌 ⟶ 16벌
4. **블라우스** 116벌 ⟶ 17벌

5. 티셔츠　　136벌 ⟶ 17벌

6. 카디건　　69벌 ⟶ 16벌

7. 바지　　47벌 ⟶ 16벌

8. 치마　　76벌 ⟶ 16벌

혼자 계산기 두들겨서 이렇게 적어놓고 '그래, 시작은 가뿐하게(?) 바지나 아우터부터 할까?' 했는데 숫자가 적다고 더 쉬운 게 아니었다. 도대체 어디서부터 뭘 해야 할지 암담했다.

그냥 포기할까 하는 내적 갈등에 시달렸지만 333 프로젝트 한다고 블로그에 이미 써놨는데 여기서 포기하면 실없는 사람처럼 보일까 봐 이를 어찌나 전전긍긍하며 마음 무거운 나날을 보냈다. 뭘 하려면 주변에 소문을 내야 한다는 말이 참말로 용하다.

고민하다가 '그래, 차라리 제일 좋아하는 원피스부터 해치워버리자! 큰 산을 넘고 나면 나머지는 어떻게든 될 거야'라는 마음으로 원피스 정리에 돌입했다.
일단 원피스를 거실로 모두 꺼내놓았다.
129벌의 원피스가 거실을 가득 메웠다.

1단계

나이에 안 맞는 옷 분류
Keep 5벌 / Hold 93벌 / Out 31벌

나풀거리는 스타일의 옷 31벌을 일단 정리했다. 그냥 두기로 한 5벌은 무덤까지 입고 갈 각오를 했다. 문제는 보류Hold하기로 한 93벌. 이것들을 대상으로 바로 2차 분류에 들어갔다.

2단계

체형, 사이즈 등이 안 맞는 옷, 싼 옷
Hold 93벌 ⟶ Hold 65벌 / Out 28벌

2단계부터 슬슬 힘들어지기 시작했다. 지퍼는 올라가지만 아주 미묘하게 끼거나 아주 미묘하게 안 어울리는 것이 아웃되었다. 남편이 절대 사지 말라는 거 우겨서 사놓고 한 번도 안 입은 원피스까지. 남편이 눈치 채진 않겠지? 싸게 사서 버려도 마음 아프지 않은 옷은 제일 오른쪽에 따로 분류했다.

2단계가 지나면서 65벌이 남았다. 하지만 목표는 17벌이고 1단계에서 살아남은 5벌을 제외하면 남은 자리는 고작 12벌이다. 여기서부터 스트레스가 시작됐다. 누가 시킨 것도 아닌데 내가 이걸 왜 하고 있나, 예쁜 애네를 정리해서 무슨 부귀영화를 누리나, 129벌에서 70벌로 줄인 것만도 괜찮지 않나? 70벌 정도면 1년 동안 입을 만 하겠는데?

일단 멈추고 하릴없이 블로그나 뒤적이는데 그동안 찍어놓은 데일리룩 사진을 보니 원피스는 한 번도 입은 적이 없다는 걸 깨달았다. '그냥 시작했을 때 끝을 보자. 도로 걸어놓으면 다시는 정리 못할 것 같아'라는 마음으로 정리를 계속했다. 오전 열한 시에 시작한 원피스 정리는 남편이 퇴근할 때까지 계속되었다.

3단계

길에서 전 남친과 마주쳐도 괜찮은 옷
Hold 65벌 ⟶ Hold 36벌 / Out 29벌

여기부터는 옷이 안 맞는 것도 아니고 다들 멀쩡해서 다른 기준이 필요했다. 멀쩡한 옷 중에서 브랜드 옷은 중고판매를 위해 따로 분류했다. 비싼 원피스가 꽤 있는데 그냥 2~3만 원에 처분해야겠다.

생각해보면 129벌 × 최소 5만 원 = 645만 원. 내 첫 부동산 투자금이 800만 원인데 집 하나가 여기 있네. 남자들 술 담배 안 하면 빌딩이 있을 거라더니 나도 옷 안 샀으면 집이 몇 채 더 있었을지도 모르겠다.

4단계

남편 앞에서 패션쇼
Hold 36벌 ⟶ Hold 22벌 / Out 14벌

36벌 남았을 때부터 피눈물이 흘렀다. 말이 4단계지 몇 시간 동안 몇 번이나 옷을 이리저리 옮겨봤는지 모른다. 밤은 깊어가는데 하도 결정을 못하고 있으니 남편이 자기한테만 예뻐 보이면 되는 거 아니냐며 하나씩 입어서 보여주면 골라주겠다고 했다.

'그래, 좋은 생각이야! 내 손으로는 못 떠나보내겠어'라고 생각했는데 내 사랑 호피무늬 옷들이 한방에 줄줄이 탈락했다. 남편은 조금만 튀어도 싫어했다.
그리고 조용히 고백했다. 연애할 때 리본 달린 머리띠 하고 올 때마다 자기는 정말 창피했다고. 아니 연애랑 결혼생활까지 포함하면 10년이 다 되어가는데 그걸 이제 알았네.

5단계(최종)

목표용 원피스와 비교

Hold 22벌 ⟶ Keep 17벌

밤 12시가 다 됐다. 이걸 끝내야 애를 재우고 나도 발 뻗고 잘 수 있을 것 같은데 방법은 없고, 그러다 떠오른 게 옷 안 사기 성공 포상이었다. 옷 안 사기 성공 시 레이스 원피스나 레이스 철릭 한복을 사기로 결심했었다.

레이스 원피스 사진을 찾아 쳐다보면서 '저걸 못 버리면 이걸 못 사! 어떤 걸 선택할래?'라며 하나씩 비교하기 시작했다. 쇼핑이 정리의 원동력이 되는 아이러니한 상황.

그렇게 열두 시가 넘어 결국 17벌 고르기를 완료했다. 남은 옷들은 정리를 시작할 땐 예상하지 못했던 옷들이었다. 남편이 이벤트를 해줬을 때 입었던 옷, 20대 때 예쁘다는 소리를 자주 들었던 옷, 특별한 날에 두근두근 기다렸다 입었던 옷들은 모두 처분하기로 했다.

지금 남은 옷은 살찐 지금 잘 맞는 옷, 부담 없이 바로 입고 나갈 수 있는 옷, 남편도 좋아하는 옷뿐이다. 과거에 좋았던 일을 추억하는 건 이쯤하고 이제부터 남은 옷들과 멋진 추억을 만들어가야겠다.

여기까지 피눈물나게 정리하며 느낀 점은 '==버릴 때 고민하지 말고 살 때 고민하자=='다. 살 때는 이렇게까지 고민 안 했었다. 그냥 마음에 들고 내 용돈 예산이 남았으면 바로 사버렸다.
옷을 정리하면서 과거를 반성하게 되었다.

원피스 정리가 드디어 끝났다! 이제 남은 옷은 동생들에게 1차 수거를 맡기고 2차로 '중고나라'에 올리고 3차로 동네 분들을 초대해서 나누고 마지막으로 아름다운 가게로 보내려고 한다.
이제 한고비 넘겼다.

니트 75벌에서
21벌로 정리하기

이번 타자는 내 사랑 니트, 정말 사랑하는 니트. 내가 과연 니트를 정리할 수 있을까 확신이 없었다.

그런데 막상 수납 상태를 보니 사랑한다고 말하면 안 될 것 같다. 입고 나면 수납상자 안에 도로 넣기 귀찮아서 계속 쌓아만 두고 있었기 때문이다. 그 사실을 인식하지 못했는데 정리하려고 보니 수납상자가 니트의 무게를 못 버티고 어딘가 삐뚤어져 있었다.

역시 1단계로 니트 75벌을 모두 끄집어냈다. 목표는 16벌. 꺼내면서 아무리 봐도 버릴 게 없다. 하지만 지난 원피스 정리의 교훈으로 이번에는 생각보다 빨리 끝났다. '와, 정말 예쁘다' 하는 정도의 니트는 어차피 탈락이다. '이거 없으면 안 돼! 차라리 날 팔아!' 하는 정도의 니트여야만 남는다는 걸 알게 되었다.

이런 심정은 어느 정도의 아픔이냐면 정리하고 새벽 두 시에 잤는데 다섯 시에 눈이 번쩍 떠지며 한숨이 나올 정도다.

남길 개수를 미리 정해놓는 방법이 효과가 있다는 걸 백화점에 가보고 확실히 느끼게 되었다. 백화점에 쫙 걸려 있는 신상을 봐도, 만약 이걸 사면 집에 있는 옷 중 하나를 보내야 한다고 생각하니 사고 싶은 마음이 사라졌다.

예전에는 이것도 예쁘니까, 집에 있는 옷들 옆으로 걸기만 하면 되니까, 용돈 예산 범위 내니까 사자! 하고 쉽게 옷을 샀었다. 하지만 ==이번 경험을 통해 '이거 없으면 안 돼!'라는 마음일 때 옷을 산다는 감각을 알게 되었다.==

니트를 정리할 때도 그 감각을 만끽했다. 나는 이미 고백했던 대로 색깔별로 모으는 병이 있다. 색이 여러 개인데 하나만은 못 고르겠다 싶으면 일단 다 샀다. 그렇게 색깔별로 산 옷을 이번에 몽땅 정리했다.

똑같은 거 두 개씩 있는 건 좀… 귀엽긴 하다. 어떤 건 색만 다를 뿐 똑같은 옷이 네다섯 벌씩 있었다. 나에게 잘 맞는 니트를 찾는 게 정말 힘들기 때문이다. 나처럼 통통한 사람에게 잘 맞는 니트를 만나면 너무 반가운 마음에 사버리고 만다. 그런데 생각보다 자주 반가웠네?

하다 보니 일단 비슷한 종류끼리 모아놓은 다음 그중 1등만 뽑는 게 제일 빠르다는 걸 알게 되었다. 무늬가 있는 니트들끼리 모아놓은 뒤 하나만 남겨두고 나머지는 모두 정리하기로 했다.
줄무늬끼리, 회색끼리, 반팔끼리, 터틀넥끼리, 칼라 달린 니트끼리 등으로 먼저 분류했다.
피눈물나게 들여다보며 1, 2등을 골랐더니 20벌이 남았다.

16벌이 목표인데 여기서 더는 못 줄여, 엉엉. 바지 같은 것에서 개수를 조절해봐야겠다. 안 되면 그때 다시 줄이기로 했다.
하나만 남기고 몽땅 정리하려고 했지만 니트는 보풀이 잘 일어나고 목도 잘 늘어나서 한 해 입고 버리고 새로 사는 경우가 많다. 똑같은 게 많은데 지금 다 버리고 내년에 또 새로 사는 건 이상하다는 생각이 들었다. 남아 있는 것과 같은 종류의 1벌을 여분으로 남겨 창고에 넣어두기로 했다.

그렇게 고른 20벌은 수납상자 하나에 다 들어갔다. 심지어 공간이 넉넉하게 남는다!

잘한 걸까, 싶었는데 두 번 해보니 확신이 들었다. 잘했다. 이 기회가 아니었다면 이렇게 똑같은 게 많은지 모르고 계속 비슷한 옷을 사들였을 것 같다.

비록 어제까지 입던 옷이 이제는 내보낼 옷더미에 들어갔지만…. 그동안 고마웠어. 사랑했던 내 마음은 진심이었어. 사랑하기 때문에 떠나보낸다, 흑흑.

바지 47벌에서 16벌로 정리하기

니트에서 조금 초과했기 때문에 바지에서 개수를 맞춰볼까 해서 다음 날 바로 바지 정리에 돌입했다. 결과부터 말하자면 더 줄이기는 실패했고 원래 목표인 16벌도 겨우 달성했다.
니트 초과분은 총 정리가 끝나면 다시 시도해봐야겠다.

일단 어제 깨달은 노하우대로 시작은 옷을 다 꺼내놓는 것이다.
나에게 바지는 좀 특별하다. 다리가 짧고 굵어서 기장 수선은 기본이다. 허리에 비해 엉덩이가 커서 맞는 바지를 구하기도 어렵다. 그래서 얼추 맞는다 싶으면 약간 크게 사서 허리부분을 수선하고 허벅지와 발목 폭까지 내 몸에 맞춰 수선해서 입었다. 허벅지 살을 못 이기고 주머니 라인이 밖으로 비치면 주머니를 없애는 수선까지 했다.

맞는 바지를 워낙 찾기가 힘드니 사서 수선해보고 결과가 나쁘면 버리고, 괜찮으면 똑같은 바지를 네다섯 벌 더 사서 똑같이 수선을 했다. 바지 값보다 수선비가 더 나오는 일이 비일비재했다.
아, 아무도 신경 안 쓰는데 나만 신경 쓰이는 바지 핏이여.

그런데 딱 맞지 않아서 앞부분에 'Y'나 '=' 모양의 주름이 생기면 너무너무 신경 쓰인다. 엉덩이의 팬티 자국이나 허벅지의 터질 듯한 팽창 주름이 내 눈에는 왜 그리 잘 보이는지.

긴 바지를 먼저 같은 종류끼리 분류했다.

==청바지/정장바지/고무줄바지/면바지/기모바지==

일단 하나씩 입어보며 살쪄서 미묘하게 안 맞게 된 핏을 골라냈다. 종목별로 1등 하나씩만 뽑은 뒤 2등은 여분으로 창고에 넣어두기로 했다. 버리면 또 새것을 사서 또 수선해야 하는데 그 과정이 아득해서.

문제는 반바지다.

반바지는 보통 허리에 비해 통이 크게 나와서 맞는 옷을 구하기 쉽기 때문에 자주 입었다. 겨울에도 주로 긴 바지보다 기모 스타킹 위에 모직 반바지를 입었기 때문에 너무 많았다.

이번에 청반바지를 비롯해 같은 걸 여러 색으로 샀던 항목은 대부분 정리했다. 반바지는 다시 구하기가 쉽기 때문에 덜 고민스러웠다. 고무줄이 낡고 늘어나서 곧 버려야 할 것 같은 것만 여분으로 한 개씩 남겼다.

트레이닝복 2벌은 집에서 입는 잠옷으로 빼버리고, 10벌은 여분으로 남기고 19벌은 정리했더니 16벌이 남았다.

살 빼고 입겠다는 욕심에 사놓고 계속 못 입던 흰색이나 베이지 등 밝은색 바지들은 모두 정리했다. 정말 싫어했지만 아이를 낳고 입을 수밖에 없었던 레깅스들도 정리했다.

그런데 남긴 바지도 거의 닳아 있었다. 2~3년 전에 산 게 가장 최근 바지였다. 앞으로 1~2년이면 여분까지 충분히 입고 비울 수 있을 것 같다.

옷장 정리를 하다 보니 옷은 꼭 전 남친 같다는 생각이 들었다. 뭐 하나가 아쉬워도 괜찮다 싶으면 샀는데 결국 그거 하나 때문에 잘 안 입게 되고 끝내 이렇게 헤어지는구나.(나 뭐래는 거니.)

바지 정리까지 하고 나니 옷장이 달라진 게 이제 눈에 확 보인다.
==정리할 때마다 섭섭하면서도 기분이 좋아지는 이상한 쾌감도 느끼게 되었다.==
이제 티셔츠만 정리하면 안방 서랍장이 빈다.

티셔츠 136벌에서
17벌로 정리하기

최대 개수 아이템인 티셔츠에 손을 대기로 했다. 처음엔 티셔츠가 옷장 정리 중 하이라이트라고 생각했다. 하지만 의외로 두 시간 만에 끝났다. 옷장 정리 비법을 드디어 확실히 깨달은 기분이다.

`1단계` **다 꺼내기**

`2단계` **낡은 옷, 안 맞는 옷 걸러내기**

큰마음 먹고 샀는데 뱃살이 살짝 도드라지는 것 같아 한 번도 못 입은 티셔츠들은 동생들에게 주기로 했다. 유행하던 슬라브 소재는 얇아서 몇 번 세탁했더니 허리가 다 돌아가서 버리기로 했다. 이 단계를 거치며 티셔츠가 반으로 줄어들었다.

3단계　종류별로 분류하기

역시 티셔츠도 색깔별로 사 모으는 병에서 벗어날 순 없었다. 특히 줄무늬 티셔츠 7벌은 하루에 다 산 거다. 기본 티셔츠는 의외로 적당한 재질에 잘 맞는 제품을 구하기 어려웠다.
그래서 기본 흰색 반팔 티셔츠는 떨이로 3~4천 원씩 할 때 10벌 정도 사놓았다. 색이 변하거나 늘어나면 버리고 매년 여름에 새 걸 꺼내 입었다. 길이가 길면 허리가 길어 보이고 다리가 짧아 보일까 봐 모두 기장수선도 해놓았다. 지금은 4벌 정도 남았는데 하나만 남기고 나머지는 창고로 보냈다.

다른 티셔츠도 먼저 민소매, 반팔, 긴팔로 나눴다.
목표인 17벌을 남기기 위해 상세 목표를 민소매 1벌, 반팔 8벌, 긴팔 8벌로 잡았다. 그런 다음 다시 상세 분류를 했다.
예를 들어 긴팔은 칼라 달린 것 1벌, 프린트 있는 것 1벌, 맨투맨 2벌, 줄무늬 2벌, 민무늬 2벌, 이렇게 총 8벌을 뽑기로 상세 목표를 세웠다.

반팔 티셔츠도 이런 식으로 2차 분류를 해서 목표를 잡았다.

4단계 종류별 베스트 뽑기

4단계에서는 3단계에서 분류된 옷을 하나씩 다 입어보고 우선순위를 부여한다. 이런 식으로 목표 개수만큼 선별하는 것이다. 우선 1순위를 정하고, 1순위를 입다가 버린 뒤 대체할 만한 2순위(스페어)까지 정했다. 티셔츠는 금방 낡거나 늘어나는데 괜히 버리고 새로 살 핑계를 만들지 않기 위해서다.

거의 동일한 디자인과 색으로 선별해야 여기에 매치할 하의를 다시 고민할 필요가 없다. 줄무늬 티셔츠처럼 목표 개수가 2벌이라면 검은색 줄무늬, 푸른색 줄무늬 등 두 종류로 한 번 더 구분했다.

전체에서 고민하는 것보다 해당 분류 안에서만 토너먼트를 하는 것이 편했다. ==티셔츠 정리를 할 때 팁을 주자면, 앞서 정리해놓은 바지 사진을 보며 매치해보는 것이다.== 나는 티셔츠는 주로 바지와 입고 블라우스는 주로 치마와 입기 때문에 티셔츠는 바지와 매치해보면 충분했다.

이렇게 4단계만 거치면 모든 옷이 금방 정리된다.
안방 서랍장이 텅 비었다. 이제 서랍장과 세트인 안방의 침대까지 모두 정리할 수 있을 것 같다. 옷 정리로 시작해서 집 정리도 끝날 것 같은 기분 좋은 예감이 든다.

남긴 티셔츠를 정리 상자에 넣었는데 역시 공간이 여유롭다. 상자를 산 뒤로 이런 모습은 처음이다. 항상 박스 안에 옷을 꽉 채워서 꾸깃꾸깃 했는데…. 정리된 옷들을 그리며 며칠 잠을 못 이루겠지만, 이 마음으로 남아 있는 옷을 더 아껴줘야겠다.

카디건, 치마, 블라우스 단숨에 정리하기

티셔츠 정리에 성공한 뒤로 자신감에 가득 차서 3일 연속 옷장 정리에 돌입했다. 지난 정리법이 아주 유용해서 카디건, 치마, 블라우스에 그대로 적용했다. 옷장 정리 단계를 다시 정리하면 이렇다.

1단계 **다 꺼내기**

2단계 **낡은 옷, 안 맞는 옷 걸러내기**

3단계 **종류별로 분류하기**

4단계 **종류별 베스트 뽑기**

특히 어려운 것은 2단계다. 옷을 바라보며 많은 생각을 하면 안 된다. 잠깐 고민하는 순간 못 버리게 되어버린다. 특히 샀을 때의 금액이 떠오르면 더 버리기 힘들다. 그러니까 길게 생각하지 말고 빠르게 처리해야 한다. 이제까지 안 입은 건 나중에도 안 입는다고 마음속으로 되뇌며 골라야 한다. 정리하기 전에 옷의 예쁜 모습을 사진으로 찍어놓으면 이상하게 위안이 됐다.

2단계를 통과하면 3단계부터는 수월하다. 3단계에서 블라우스 같은 경우에는 먼저 반팔/긴팔/민소매로 분류했고 목표도 총 17벌을 6:9:2로 나눴다. 그 다음으로 긴팔 9벌은 색상 블라우스/흰 블라우스/캐주얼 셔츠로 나눈 뒤 목표도 3:3:3으로 세분화했다. 흰 블라우스는 다시 민무늬/포인트/캐쥬얼=1:1:1로, 색상 블라우스는 다시 핑크/블루/기타=1:1:1로 나눴다. 이런 식으로 상세목표를 잡았다.

치마는 엉덩이에 맞춰 크게 산 다음 허리를 모두 수선해놓았다. 어쩌다 맞는 게 생기면 역시 색깔별로 샀고, 없으면 개별 제작 해주는 곳을 찾아 색깔별로 맞추기도 했다. 그러다 보니 똑같은 디자인의 치마가 여러 개 있다.

색깔별로 있는 옷을 발견할 때마다 생각한다. 몸매에 규격을 부여

하는 세상에서 어떻게든 입고 살자고 몸부림을 쳤구나. 조금만 더 날씬했으면 안 그랬을까? 남편은 지금도 좋다는데 나는 왜 그토록 살 빼는 일에 연연했을까. 사실 살 빼려고 그토록 노력한 게 무색할 정도로 살찌기 전에도 그리 행복하진 않았던 것 같다.

종류별 베스트를 뽑는 4단계까지 가면 모여 있는 옷을 보며 새삼 충격을 받게 된다. 아주 비슷비슷한 것들만 잔뜩 샀다는 게 한눈에 들어오기 때문이다. 20대 때 참 많이 입었던 A라인 치마들도 30대에 입기에는 너무 발랄해 보여서 그 분류는 통째로 정리했다.

피눈물 한 바가지를 흘리고 나서도 도저히 포기가 안 되는 두세 벌이 남는다. 그럴 때는 별 난리를 치고 '생쑈'를 하게 되더라도 그것들을 정리해야 한다. 자려고 누우면 눈물이 주르륵 흐르지만 마음과 옷장은 홀가분해진다. 이것이 모두 내 업보(?)라는 것, 그리고 '고통이 없으면 얻는 것도 없다 no pain, no gain'는 진리를 온몸으로 깨달았다. 이런 과정이 있어야 또 사고 버리는 짓을 반복하지 않을 것이다.

4단계까지 거친 결과 카디건 69벌→16벌, 치마 76벌→16벌, 블라우스 116벌→23벌로 정리했다.

카디건은 뭐, 이미 상당히 정리해놓아서 69벌밖에 안 되는 상태에서 시작했다.

치마는 76벌이었는데 옷장에서 반 칸밖에 차지하지 않았다.

그 비결은 특수 옷걸이에 있다. 한 옷걸이에 집게가 네 개인데 한 집게에 두 개씩 걸어놓았다. 사실 치마를 입고 나서 이 옷걸이에 다시 걸려면 너무 귀찮아서 못 걸고 옷걸이 아래에 치마를 넣어놓은 적이 더 많았다.

가장 뿌듯한 건 블라우스. 옷장 한 칸 하고도 반을 더 차지했던, 옷걸이마다 두세 벌씩 겹쳐 걸었던 블라우스 116벌을 이렇게 많이 줄이다니!

다만 블라우스는 목표로 정했던 17벌이 아니라 23벌이 남았다. 니트도 목표에서 5벌 초과했으니 총 11벌 초과했다. 초과분은 다시 한 번 살펴보고 골라낼 예정이다. 그래서 현재 결과는 이렇다.

1. **원피스**   129벌 ⟶ 17벌
2. **아우터**   47벌(아직 정리 안 했음)
3. **니트**   75벌 ⟶ 21벌(목표에서 5벌 초과)
4. **블라우스**   116벌 ⟶ 23벌(목표에서 6벌 초과)
5. **티셔츠**   136벌 ⟶ 17벌
6. **카디건**   69벌 ⟶ 16벌
7. **바지**   47벌 ⟶ 16벌

8. 치마   76벌 ⟶ 16벌

총 695벌 ⟶ 173벌(목표 41벌 초과 상태)

야호! 100벌대 진입! 옷장이 원래 이렇게 넉넉한 것이었나. 옷걸이마다 옷이 하나만 걸려 있다니, 낯설다. 정리하고 남은 칸에는 아들 옷을 걸어놓았다. 그동안 아들 옷은 여기저기 쌓아두거나 문고리에 걸어놓곤 했는데 드디어 공간이 생겼다.

이제부터 남은 옷들을 입다 보면 '아, 그걸 남기고 이걸 정리했어야 했는데' 하는 후회를 할 수도 있고 시행착오가 있을 수 있다. 그래서 블로그에 데일리룩을 기록해뒀다가 내년에 다시 옷장을 꾸릴 때 참고하기로 했다.

데일리룩을 찍는 건 꽤 도움이 된다. 특히 옷은 바닥에 있을 때랑 입었을 때랑 완전히 느낌이 다르기 때문에 입고 찍는 게 좋다.
옷을 입고 사진을 찍다 보면 생각과 달리 핏이 나랑 안 어울리는구나, 버려야겠다, 하는 일이 자주 있어서 정리에 도움이 된다. 또 자주 입는 옷이 무엇이고 안 입는 옷이 무엇인지 파악하기 쉽고, 입을 옷이 없다 싶을 때 작년 이맘때 뭐 입었는지 찾아보기도 좋다.

멀쩡하고 한때 좋아했던 옷을 내 손으로 골라내는 건 정말 힘든 일이었다. 매일 집에 있던 친구를 떠나보내는 기분이랄까.

==정리한 옷을 기부하기로 한 건 정말 잘한 일 같다.==
==그나마 다른 누군가가 입어주리라고 생각하니 포기가 좀 더 수월해졌다.== 사실 그것은 남을 돕는 게 아니라 나를 돕는 일이었다.
재미있는 건 옷들을 보내고 몇 개월이 지나니 어떤 옷이 있었는지 잘 기억나지도 않는다는 사실이다.

남은 시간도 옷 안 사고 무사히 보내자.
지금 남은 옷들과 행복하게 살아보자.

정리는
새로운 출발

___

마지막으로 아우터 정리에 들어갔다.

목표는 47벌에서 17벌로 줄이기. 베란다 2단 행거의 위아래를 빼곡히 차지하고 있는 나의 모든 것, 나의 최애템(최고 애정 아이템), 아우터!

'뭐, 다 최애템이래'라고 생각하겠지만 아우터만큼은 다르다. 나는 우울할 때 혼자 방에서 핸드메이드 코트를 입고 있다. 트위드 코트를 어루만지며 기분을 푼다.

그래서 사실 아우터 정리는 실패할 것을 미리 짐작했다. 언제나 슬

픈 예감은 틀리지 않는 법.

일단 시작은 좋았다. 한겨울용 털옷과 패딩들은 미련 없이 정리했다. 내년에 제대로 된 패딩을 사는 게 목표이기 때문이다. 매년 행사장에서 5만 원, 9만 원짜리 싼 패딩을 사서 입었다. 하지만 나는 유난히 추위를 잘 타서 정작 아주 추운 날은 남편 패딩을 빌려 입고 나갔다.

반면 남편은 겨울 끝나갈 무렵 세일하는 좋은 걸 하나 사더니 몇 년을 아주 잘 입는다. 확실히 가볍고 따뜻하다.
내 패딩들 살 돈 다 모았으면 저렇게 제대로 된 패딩 하나 샀을 텐데, 하는 후회가 들었다. 올해 옷 안 사기 프로젝트가 끝나면 내년에 살 목록에 '패딩'을 적어놓았다. 내년부터는 충동구매하지 않고 옷장을 점검하며 꼭 필요한 것들만 파악해서 구입하기로 마음먹었다.

좋아하는 회색 코트는 4벌이나 있는데 하나만 남기기로 했다.
뭔가 조금씩 어정쩡한 트렌치코트도 다 정리하기로 했다.
길이가 짧은 코트는 간편해서 좋아했는데 이제는 허벅지가 시리면 못 입겠다. 정리하자.
이런 식으로 14벌 정도를 골라내다 보니 하루가 다 지났다. 아우터는 고가 제품이 많아서 하나하나 골라내기가 망설여졌다.

남은 개수를 세어보니 봄가을용 22벌, 여름용과 조끼 4벌, 겨울용 21벌. 아니, 다시 47벌이라니? 뭐지, 내가 헛것을 봤나. 잠시 멈추고 세고 세고 또 세어봐도 47벌이다.
알고 보니 옷 사이에 껴서 모르고 지나친 옷들이 있었다.
약 천 벌 이상에서 1차로 비우고 남은 게 695벌이 아니라 709벌이었다. 아니지, 니트랑 티셔츠 때도 옷장 뒤편으로 넘어가 있던 게 한두 개씩 더 나왔으니 합치면 711벌 플러스 알파다.

하루 종일 아우터 14벌을 비웠는데 여기서 다시 30벌을 더 골라야 했다. 갑자기 모든 전의를 상실하고 말았다. 그래서 일단 오늘은 여기까지 하기로 했다. 현재 총 709벌에서 173벌로 줄인 상태다. 132벌까지 남은 41벌은 천천히 골라내기로 했다.

그동안 정리한 옷 중 20대가 입을 만한 옷은 보육원에 두 박스를 보내고 30대가 입을 만한 옷은 아름다운 가게에 한 박스 발송했다. 보육원에서 아이들이 20대가 되어 보육원을 나와야 할 때 경제적으로 부담이 된다고 한다. 살 집도 구해야 하고 살림도 필요하니까 말이다. 교복을 입다가 사복을 입어야 하는데 그것도 만만치 않다고 한다.

블로그 이웃이 평소 봉사활동 가는 곳을 소개해줘서 그곳으로 보냈다. 철없이 살았는데 옷 안 사기 덕분에 블로그로 좋은 이웃들을 알게 되고 좋은 일도 하게 되어 기쁨이 한 열 배로 늘었다.

남은 옷 중에 바자회에 나가서 팔 옷들은 따로 빼놓고 수선할 것은 수선집에 맡겼다. 그동안 단추 다 떨어진 것도 모르고 '고쳐야지' 하면서 귀찮다고 다른 옷을 입었나 보다.
이제 정말 아끼고 사랑해줘야겠다.

이번 옷 정리를 마친 뒤에 달라진 게 있다. 그동안 우리 집은 입었던 옷은 바닥에 놓고 일주일 동안 쌓아둔 뒤 주말에 한꺼번에 정리했다. 옷장에 옷이 하도 많고 빽빽해서 넣고 빼기가 힘들었기 때문이다. 그런데 지금은 옷을 벗으면 바로 걸어둔다.

또한 옷 정리는 단순히 옷 정리에 그치지 않았다.
==이게 나랑 어울릴까? 저걸 남기는 게 맞는 걸까? 어떤 상황에 이 옷을 입을까? 이런 것들을 고민하고 있자니, 아이 낳고 정신없어 한동안 잊고 있던 나를 돌아보는 시간이 되었다.==
오늘은 뭐 입을까, 두근두근했던 예전의 감각이 다시 돌아온 기분이었다.

옷을 하나하나 보며 이건 첫 데이트 때 입었던 옷인데, 이건 회사 가기 싫을 때 힘내려고 입었던 옷인데, 이건 입기만 하면 예쁘다고 칭찬 들었던 옷인데, 이런 추억들이 떠올라서 더욱 좋았다.

떠나보낸 아이들이 새로운 곳에서 새로운 주인과 좋은 추억을 만들길. 나 역시 오늘부터 새롭게 출발한다. 파이팅!

1년 옷차림 정리

지난 데일리룩 사진을 들여다보니 계절에 따라 필요한 옷을 정리할 수 있었다.

1월

겨울옷

패딩과 중무장이 필수다.
1월 말부터 봄 신상이 나오지만 사면 안 된다. 신상이라 비싸고, 아직 추우니까 묵혀뒀다 따뜻해진 다음에 입으면 이미 헌 옷 느낌이 난다.

2월~3월 중순

겨울옷

3월이라고 들떠서 봄옷을 꺼내면 감기에 걸린다. 아직은 얇은 코트를 입어야 한다.

3월 중순~4월

봄옷(재킷 포함)
환절기는 짧으니까 재킷 같은 아우터는 최소화한다.

5월

봄옷과 여름옷 사이.
있는 옷들을 잘 매치하는 패션 감각이 필요하다.

6월~9월 중순

여름옷
광복절부터 가을 신상이 깔리지만 아직은 덥다. 섣불리 쇼핑에 나서면 안 된다.

9월 중순~11월

가을옷
사실 봄옷과 가을옷은 구분할 필요가 없다. 봄옷 다시 꺼내 입자.

11월~12월

겨울옷
11월 초엔 가을 같을 수 있으나 수능 한파를 떠올려보면 추울 때가 많다.

정리

봄
2.5개월 (재킷 1.5개월)

여름
3.5개월

가을
1.5개월 (재킷 0.5개월)

겨울
4.5개월

결론

봄가을 아우터 살 돈으로
차라리 겨울 아우터를 살 것

비웠더니 넓어졌다

PART
5

조금씩
성장하고 있다

트렌치코트를 싹 정리한 바람에 난감한 일이 있었다.
입고 싶은 옷이 있었는데 위에 편하게 걸칠 아우터가 없어서 다른 옷으로 갈아입어야 했던 것이다. 이 일로 '청바지에도 어울리고 정장에도 어울리고 내 퍼스널 컬러에도 맞고 이미지 메이킹 수업 때 직선형을 추가하라는 선생님의 말에도 맞는 아우터가 필요해. 그래, 회색 트렌치를 사자!'라고 내년에 살 목록에 적어놓았다.

그런데 백화점 여성복 매장에서 일하는 막냇동생이 자기가 일하는 브랜드의 회색 트렌치코트를 그동안 밀렸던 생일선물이라며 선사

해줬다. 직원 할인을 십분 활용했다고 한다.
가족이 좋긴 좋구나! 고맙다. 내 기준으로 이렇게 좋은 트렌치코트는 처음이다.

그런데 이거 하나가 들어오니 청바지 입을 땐 이거, 정장 입을 땐 이거, 이렇게 맞춰 입던 아우터들이 싹 정리가 되었다. 베이식한 디자인의 트렌치코트 하나가 두루두루 잘 어울렸기 때문이다.
이미지 메이킹 선생님이 야상은 입지 말라고 했지만 그래도 대신 입을 옷이 없어서 정리를 못하고 있었는데 시원하게 정리했다! 그 외에도 아우터 6벌을 한꺼번에 정리할 수 있었다.

신기하다. 아우터 정리할 때 하도 울어서 보다 못한 남편이 차라리 자기한테 주라고 했다. 그럼 다 남편 것이 되니 정리된 거 맞지 않냐며, 대신 매일 나한테 빌려주겠다고 했다. 그 정도로 아우터 정리하는 게 힘들었는데 제대로 된 아이템 하나가 주는 힘이 막강했다.

수선 맡겼던 아우터 몇 개는 수선에 실패해서 옷 개수가 더 줄었다.
어깨가 불편했지만 깃이 예뻐서 니트 안에 받쳐 입기만 했던 셔츠는 목부분만 오려서 액세서리 함에 넣었다.
이제 진짜 목표까지 얼마 안 남았다.

옷장을 정리한 뒤 블로그에 이런 댓글이 달렸다.

'갈수록 코디가 멋있어집니다.'

'옷 정리한 뒤 일상 착장 컷이 더 예뻐진 느낌.
옷이 없는데 더 입을 게 많다는 말이 참 속 시원합니다.'

정말 뛸 듯이 기쁘다. 어쩜 내 마음을 꿰뚫어보고 댓글을 달아줄까. 아마 혼자 정리했으면 못했을 거다. 블로그로 지켜봐주고 응원해주는 블로그 이웃들 덕분에 조금씩 성장하고 있다.

비우면
나눌 수 있다

정리한 옷 중 사이즈가 아이들한테 맞는 건 보육원에 직접 보내고 나머지는 중고 판매해서 번 금액을 다른 보육원에 보냈다. 아이들이 성인이 되어 보육원을 나갈 때 대체로 옷이 부족하다고 한다. 그런데 그 포스팅을 보고 마음씨 좋은 블로그 이웃이 본인도 옷장 정리를 했다며 좋은 데 써달라고 우리 집으로 옷을 택배로 보냈다. 무려 제주도에서! 고마운 마음이 담겨 있는 옷들은 심지어 상태도 좋았다. 내 옷과 같이 바자회에서 판매해서 그 금액을 기부하기로 했다.

인터넷에서 찾아보니 의외로 동네에 바자회가 많았다.
그중 엄마가 추천하는 구청 바자회에 참가를 신청했다.
실은 판매한 금액만 보육원에 보내려고 했는데, 막상 신청서를 받고 보니 일회성으로 끝나는 게 아쉬워서 월 5만 원씩 정기후원도 지원했다. 그 5만 원은 가계부 예산 초과라 매달 5만 원을 만들어 내야 하는 상황이 되었다. 그래서 이번 바자회 판매 목표는 5만 원으로 정했다.

큰 박스를 도저히 들 수가 없어서 한 번에 들 수 있을 만큼 소분하고, 그사이 변색된 옷은 처분했다. 바자회 좀 다녀본 엄마가 비닐, 돗자리, 잔돈을 준비하라고 조언해줬다. 때는 이때다, 그동안 쟁여놓은 사은품으로 받은 돗자리가 총출동했다. 잔돈은 아침에 가게들을 전전하며 천 원짜리 사고 만 원짜리 내서 마련했다. 전날 미리 은행 좀 다녀올 것을….

짐은 많은데 차가 없어서 출산한 지 두 달 된 둘째동생도 출동했다. 트렁크가 꽉 찼다. 운전도 해주고 짐도 날라주고 집에 바로 안 가고 판매도 도와준 동생님의 오늘 일당은 아이스라테 두 잔.

다행히 날씨가 정말 좋았다. 바자회는 한 시부터 네 시까지인데, 미리 인터넷으로 신청한 사람에게는 열두 시 30분까지 오면 자리를 정해주는 혜택이 있었다. 인터넷 신청자들에게 먼저 좋은 자리를 주고 당일에 오는 사람에게는 남는 자리를 선착순으로 주니까 인터넷 신청은 필수다.

도착하니 예상 외로 규모가 컸다. 세 줄로 늘어선 가게 중에는 구에서 마련한 이런저런 행사를 하는 곳도 있고 잔치국수 등 음식을 파는 곳도 있었다.

나는 가져간 옷이 너무 많아서 3분의 1만 일단 펼치고 남은 건 뒤에 박스랑 쇼핑백에 그대로 쌓아뒀다. 그때만 해도 옷들을 세팅하면서 자신만만했다. 아니 옷값이 3천 원에서 5천 원밖에 안 하는데 당연히 품절 아니야? 오늘 일찍 퇴근할지도? 동생에게 그런 헛소리를 했다.

그렇게 한 시간 동안 손님이 한 명도 오지 않았다.
바자회를 세 시간 동안 하는데 한 시간 동안 못 팔다니. 손님이 너무 없어서, 불쌍한 언니를 두고 집에 갈 수 없었던 동생이 다른 곳을 한 바퀴 돌아보라고 했다. 주변을 돌아봤더니 이럴 수가, 바자회에 온 사람들 대부분이 아이를 데려온 부모나 중년여성이었다.
아이 장난감이나 아이옷 파는 곳만 사람이 많고 성인 옷 파는 곳은 다 한산했다.
그나마 팔리는 건 사이즈 큰 홈웨어 같은 거였다.

그러다 보니 옷값이 보통 천 원, 비싸봤자 2천 원이었다.
어떤 사람은 무려 5백 원에 팔고 있었다. 맞아, 엄마가 여기는 싼값에 좋은 물건 살 수 있다고 추천한 거였지. 그럼 싼값에 좋은 물건을 팔아야 한다는 말이었구나.

옷값을 천 원으로 변경했다. 다행히 그 다음에는 손님이 쏠쏠히 왔다. 3벌을 사면 하나는 서비스로 줬다. 가장 큰 손님은 도와주던 동생이었다. 만 원어치 사가지고 아기 우유 먹이러 돌아갔다. 고맙다, 큰손!

바자회는 네 시에 끝나지만 세 시부터 사람이 거의 없었다. 아이용품 판매자는 대체로 자신이 쓰던 걸 갖고 나온 아이들과 그 부모들이었는데, 아이들이 앞으로 나와서 "사세요! 사세요!" 하는 걸 보니 엄청 귀엽고 기특했다. 좋은 교육이 될 것 같아 나도 나중에 아들 크면 함께 나오자고 다짐했다.

다 팔고 남은 걸 정리해보니 쇼핑백 두 개 분량이었다.
의외로 꽤 팔았다. 남은 옷은 양쪽 어깨에 하나씩 들쳐 메고 대중교통을 이용해 집으로 돌아왔다. 들고 온 쇼핑백을 그대로 박스에 쏙 넣어서 아름다운 가게로 보내려고 택배 예약을 했다.

아름다운 가게 홈페이지에서 수거예약을 하면 너무 오래 걸려서 그냥 내가 택배비를 내고 발송하기로 했다. 저번에도 이렇게 보냈는데 배송비는 우체국 택배박스 6호에 만 원 정도다.
단점은 정식접수를 거치지 않아서 그런지 기부금 등록을 안 해준다는 것이다. 그래도 어차피 좋은 일 하려고 보내는 건데 집에 쌓아두기보다 이 방법이 속 시원해서 좋았다.

드디어 바자회 수익금을 세보았다. '두구두구두구.' 돈주머니에 딱 6만 원이 있었다. 중간에 2천 원 빼서 음료수 사 먹었으니 실제로는 6만 2천 원을 벌었다. 5만 원을 기부하고 만 원은 아름다운 가게 택배비로 썼다.
옷 정리 성공! 바자회 대성공! 옷 안 사기 덕분에 이런 경험도 해보다니, 이렇게 비우면 나눌 수 있는 것을…. ==비우면서 조금은 허한 마음이 들었는데 이렇게 나누니 배로 채워지는 느낌이다.==

나누면
얻는 것들

___

옷장 정리를 하면서 고른 것 중 일부는 버리고 일부는 블로그에서 벼룩시장을 열었다. 옷들의 사진을 찍고 블로그에 올릴 동안 엄마가 애를 봐주러 왔는데, 팔려고 내놓은 옷들을 보더니 도로 넣으라고 막 부추겼다. 옛날에도 버리려고 내다놓으면 멀쩡한 걸 버린다고 엄마가 도로 넣어두곤 했던 생각이 났다. 정리할 때 엄마는 도움이 안 된다.

옷을 모두 마네킹에 입혀 사진 찍고 보정하고 포장해서 박스에 주소 적고 택배 예약하는 과정이 보통 일이 아니었다.

옷이랑 주소가 섞여서 테이프를 다 붙인 박스를 뜯고 다시 포장하기도 했다. 옷 장사, 아무나 하는 일이 아니었구나.

옷을 팔아서 번 금액은 전액 기부하기로 했다.
그래서 옷을 받는 분들에게 일단 옷부터 받아본 뒤에 보내고 싶은 금액만큼 보내달라고 말했다. 한 벌당 3천 원 정도가 들어왔는데 많은 분의 도움으로 총 15만 원이 들어왔다. 거기에 내 돈을 조금 보태서 40만 원을 기부할 수 있었다.

택배 수거하러 온 기사님이 기부한다는 말을 듣고 박스당 6천 원이던 운송비를 재량으로 4천 원씩에 해주었다. 고마워서 택배회사 사이트에 기사가 친절하다는 글을 남겼다. 그 택배기사는 정말 친절한 여자 분인데 동네 아기들 낮잠 자는 시간을 다 외워서 그 시간이면 초인종을 누르지 않는 프로이기도 하다.

이렇게 여러 사람의 마음이 모였고 결과도 좋아서 마음이 찡했다. 옷 안 사기를 결심하고 옷장 정리를 하면서 그것이 자연스럽게 나눔으로 이어졌다. 그 과정에서 나는 합리적인 쇼핑 이상의 보람과 충만함을 얻었다. 나누었지만 실은 내가 더 받은 것 같다.

정리하니
충분함을
알겠더라

―――――――――――――――――

주 3회 PT(퍼스널 트레이닝)를 받았고 저녁에 걷기 운동을 했으며 평소 먹던 양의 3분의 2를 먹었지만 62kg에서 58.5kg가 된 뒤로는 몸무게가 멈췄다. 덕분에 옷 안 사기 6개월을 성공하면 받기로 했던 중간 보상은 보류하고 있었다.

트레이너도 안타까웠는지 식이조절 심하게 안 하기로 약속을 해놓고선 어느새 닭가슴살이나 프로틴을 먹으라고 재촉했다.
몇 년 전에 PT 받으며 닭가슴살과 토마토로 두 달 만에 6kg을 감량한 적이 있었다. 하지만 일반식으로 돌아온 지 두 달 만에 몸무게도 돌아왔고 운동이 정말 싫어지는 부작용을 겪었다. 그렇기 때문에 일반 식습관을 개선하는 것 이상의 식이조절은 하지 않겠다고 했다. 평생 지속할 습관을 갖고 싶었고 평생 일반식을 안 먹을 수는 없다고 생각했기 때문이다. 그렇게 하니까 몸무게는 정말 천천히 빠졌다.

그런데 심한 두통으로 2주간 아무것도 못하고 누워 있는 일이 생겼다. 의사는 원인을 알 수 없다며 마음 편히 쉬고, 먹고 싶은 걸 마음껏 먹어서 기력부터 보충하라고 했다. 두통은 10년 넘게 나를 괴롭힌 고질병이다. 나아야 한다고 생각하면 스트레스 때문에 더 오래 가고 평소에도 힘든 일이 생기면 불시에 시작해서 언제 끝날지 알 수 없다.

의사 말대로 예약해놓은 PT를 포기하고 평소 먹고 싶었던 도가니탕부터 먹었다. 염분 많은 국물이나 탕은 그동안 금지였다. 마음껏 먹고 약 먹고 누워 있고를 2주간 반복했다.

그리고 회복해서 다시 나간 헬스장. 엄청 쪘을 줄 알고 겁먹고 간만에 인바디를 쟀는데 몸무게가 동일했다. 운동 시작 전에는 미달이던 근육량은 정상 범위였다.

그때 깨달았다. 그동안 운동하고 식이조절 했던 게 어디 안 갔다는 걸. 결과는 내가 컨트롤할 수 없지만 꾸준히 해온 운동, 조금씩 덜 먹기 등의 노력과 실천은 성공했다는 것도 깨달았다.
집에 돌아와 작았던 옷을 입어보니 딱 맞았다. 체중계 숫자가 전부가 아니었던 것이다.

나를 조금은 격려해도 되지 않을까 하는 생각이 들었다. 생각해보니 모든 여자가 44, 55 사이즈일 필요는 없다. 지금 나는 근육량도 정상이고 건강하게 먹으면서 운동한다. 뭐가 문제란 말인가. 몸무게에 연연하는 내 생각만 바꾸면 모두가 행복해진다. 그래서 이미 상당한 시간이 지났지만 스스로에게 옷 안 사기 6개월 성공 선물을 하기로 결정했다. 그리고 지금까지처럼 꾸준히 건강을 위해 노력하기로 했다. **너무 결과만을 바라보지 말고 과정을 즐기며 나를 칭찬하며 살기로**.

보상은 레이스 철릭과 실크노방 허리치마로 결정했다. 빨리 변하는 유행에 따르는 옷이 아니라 내 사이즈에 맞춰 제작해주는 한복이 이 프로젝트에 어울린다는 생각이 들었다.
요즘 생활한복은 정말 예쁘고 편하게 잘 나오는 것 같다. 현대까지 명맥이 이어지도록 많은 사람이 노력하고 있다.

한복을 입어보니 참 예뻤는데 남편은 매우 부끄러워했다.
한국 사람이 한복을 입는 게 왜 부끄러운 일인지 모르겠다. 철릭만 보면 일반 랩 원피스와 다를 바 없다. 오히려 한복은 끈으로 조절되기 때문에 내 체형에 맞게 조절해가며 입으면 일반 원피스보다 편했다. 연말 모임에라도 입고 나가야겠다. 생활한복이 좀 더 대중화되었으면 좋겠다.

중간보상을 늦게 한 덕분에 옷 안 산 지 1년 되는 날까지 얼마 남지 않았다. 하지만 그 후에도 생활이 크게 달라질 것 같지 않다. 하나가 낡으면 그 대체품만 구입해가며 지금의 모습을 유지하기로 했다.

처음 옷 안 사기를 할 때는 이 프로젝트가 끝나면 사고 싶은 것들을 다 적어놓았었는데 막상 시간이 지나니 대부분 리스트에서 지워졌다. 정리를 통해 이미 충분하다는 것을 알게 되었다.
그리고 =='사고 싶은 것'과 '필요한 것'은 전혀 다르다는 것을 깨달았다.== 지금 남아 있는 목록은 패딩, 그리고 물 빠진 지금의 바지를 대체할 바지 정도다.

바로 지금
시작하라

날마다 착장 사진을 찍어 남기는 일은 쉬운 것 같으면서도 지속하기가 어렵다. 아무리 작은 일도 '지속'이 붙으면 세상에서 제일 어려운 일이 되는 것 같다.

그동안 옷장에는 몇 가지 변동이 있었다. 세탁하다가 허리 돌아간 티셔츠, 허벅지 안쪽이 쓸려서 구멍 난 바지, 입으면 이상하게 주위에서 안색이 안 좋다고 한마디씩 하는 니트 등을 좀 더 골라냈다.

또 블로그에서 많은 분이 우려하는 댓글을 달았다. 외투와 티셔츠 개수를 동일하게 남기면 안 된다는 것이다. 티셔츠는 외투보다 빨리 닳기 때문이다. 역시 실제로 입다 보니 티셔츠는 예상보다 더 필요했다. 니트도 보풀이 많이 생겼다.

다 버리지 않고 여유분을 남겨둔 게 얼마나 다행인지 크게 느끼는 요즘이다. '내 취향과 필요를 한 번에 파악해 완벽한 대정리를 하겠어!'라는 생각은 헛된 희망이었다. 막상 입다 보니 이게 아니다 싶어서 여유분으로 둔 옷과 바꾼 적이 한두 번이 아니다.
그야말로 내 옷장에서 쇼핑을 했다. 이상하게도 여유분으로 창고에 빼놓았다가 몇 달 만에 다시 만나니 다시 가슴이 뛰었다. 이래서 남자친구와도 헤어졌다 다시 만나고 그러는 건가.

오랜만에 원피스를 훑어보니 지난 여름 내내 한 번도 안 입은 옷들이 있었다. 약간 짧아서, 약간 껴서, 약간 불편해서, 이유도 다양했다. 그 많은 옷 중에 고르고 고른 건데, 그중에서도 입는 옷만 입고 있었다. 내친김에 여름 블라우스와 치마도 솎아냈다. 지난 여름에 안 입은 여름옷은 그만 보내주기로 했다.
역시 계절이 지나고 나서 정리를 해야 마음정리가 수월한 것 같다. 절대 못 버린다고 버티던 아우터도 일부 정리했다. 잘 안 입지만 왠지 파스텔톤 코트 하나는 남겨놔야 할 것 같아서 빼놨던 민트색 코트와도 이별했다.

그런데 이게 웬일? 이번 정리가 끝나고 세어보니 원래 목표였던 33벌 × 4계절 = 132벌에 딱 맞게 남았다.
이런 날이 오긴 오는구나!

옷 안 사기 프로젝트를 하면서 제일 크게 느낀 건 '옷이 적어도 괜찮다. 정리하니까 좋다'가 아니다. '지금 안 하면 나중에도 안 한다'이다. 생각날 때 바로 지금 움직여야 한다. 정리해야지, 해야지 말만 하다가 진짜 해버리고 나니 정말 뿌듯하고 기쁘다.

나의 정체성을
고민하는 기회

비우면 기분이 좋다. 그걸 알게 된 것이 이번 프로젝트의 가장 큰 수확이다. 비운다는 건 남길 것을 고른다는 것이고, 그 과정에서 나의 정체성이 무엇인지 고민할 시간을 갖게 된다.
특히 옷은 내가 어떤 사람이 되고 싶은지, 어떻게 보이고 싶은지를 바로 보여주는 매개다.

정리한 옷장을 계속 들여다보니 집에 있을 때 입을 옷이 거의 없다는 사실을 깨달았다.
정장 아니면 잘 때 입는 구멍 난 트레이닝복만 있었다.

아들이 유치원에 가면 나는 다시 직장생활을 하는 게 목표였기에 '지금 모습은 아이 키울 때까지만'이라며 현재의 나를 너무 홀대했다. 사실 나는 어릴 때부터 한 번도 직장인이 아닌 내 모습을 떠올린 적이 없다. 전업주부는 내 적성이 아니라고 단정 지었다.

집에 있을 때 입는 옷이 너무 후줄근하지만 '외출할 때 화장하고 꾸미면 나도 아직 괜찮아'라고 스스로를 위로했다.
하지만 주부는 한껏 꾸미고 외출할 일이 별로 없으니 사실은 괜찮지 않았다. 거울 보기가 힘들고 여자로서 끝인가 하는 자괴감이 자꾸 들었다. 빨리 사회로 복귀하고만 싶었다.

그런데 남편은 내가 직장 다닐 때보다 지금을 더 좋아한다. 나도 딱히 무슨 일을 하겠다고 정하지 못했다. 주부도, 사회인도, 이도 저도 아닌 어정쩡한 마음으로 지금 시간을 보내고 있다.
옷장 속 옷들이 이런 나를 그대로 보여주고 있었다. 평생을 주부로 산 친정엄마는 "가족이 행복한 게 제일이야. 주부도 괜찮아"라고 말한다. 그런데 나는 살림에 흥미도 재능도 없다.

그러다 마스다 미리의 책 《평범한 나의 느긋한 작가생활》을 보았다. 작가는 버섯 강좌 등 전혀 관심 없는 주제의 강의를 다닌다. 마음을 울리는 '무언가'를 어디서 만나게 될지 모르기 때문이다.

그 책을 보고 '아, 그렇구나. 나는 가만히 앉아서 기다리고만 있었구나'라는 생각이 들었다. 현재 주부인 내 자리에서 최선을 다해보기로 했다. 그리고 마음 한구석에선 두려워하고 있던 정장 정리를 시작하기로 했다.

그 책에서 이런 문구를 보았는데 힘이 되었다.

못하는 일이 있어도 되는 것 아닌가?
사람에게는 못하는 일과 하고 싶지 않은 일,
하려고 했다가 실패한 일. 그것도 역시, 그 사람을 만드는 거죠.
잘하는 일만이 그 사람의 전부는 아니에요.

만일 실패하더라도 그것도 나의 일부가 되지 않을까 싶은 생각이 들었다. 그래서 서툴지만 살림에서도 이런저런 시도를 해보기로 했다.

집 안 정리는
마음 정리

갑자기 한 시간 자유시간이 생겨서 뭘 할지 고민하다가 거실만 청소하기로 마음먹었다. '하다 보니 결국 청소를 다하게 되었다'라고 하고 싶지만 그럴 리가 없다.
내가 그런 사람이었으면 이 지경까지 오지도 않았을 것이다.

현실은 청소를 하다 보니 유아매트도 다 못 닦았는데 시간이 훌쩍 가버렸다는 이야기다. 그동안 보이는 데만 걸레로 슬슬 문지르다가 오랜만에 유아매트를 들어 올렸는데 세상에, 언제 나 모르게 우유는 흘려놓은 거야. 머리카락과 우유가 섞여서 난리가 났다.

커피 자국은 또 누가 범인일까.
사실 집에서 커피 마시는 사람, 나야 나.

난방으로 인해 발효된 자국들을 계속 물티슈로 닦고 물 뿌리고 닦고, 욕하면서 또 닦았다. 평소엔 핸디 청소기만 돌리다가 '날 잡아서' 대청소를 하고 뿌듯해하던 맞벌이 때 습관이 남아 있다. 그래서 청소라고 하면 굉장히 부담스럽고 큰일이며 마음먹어야 하는 일이라고 생각하고 있었다.

그런데 정리에 관한 책들을 읽어보니 살림 고수들은 일어나자마자 가볍게 청소부터 한다고 한다. 매일 조금씩 하다 보니 습관이 됐다고. 오늘 바닥과 매트를 너무 힘들게 닦으면서 '그래, 나도 매일 일어나자마자 청소부터 하자. 매일 매트를 들고 소파 밑까지 가볍게 닦는 거야'라고 다짐했다. 옷을 버리기 전에 남들 다하는 청소부터 하자.

그런데 매트를 도로 깔고 그 위에 다시 아들 장난감을 하나씩 갖다 놓다 보니, 아니 이걸 옮겨놓고 또 매트를 걷고 바닥을 닦고 매트를 닦고 다시 깔고 다시 장난감을 가져다 놓는다고?
이걸 매일? 못 해먹겠는데? 이런 생각이 들었다.
'이래서 먼저 물건을 버려야 청소가 잘된다는 거구나' 하면서 책에 나온 내용을 몹시 실감했다.

옷 안 사기 프로젝트 때문에 접했던 책, 심현주의 《여자에게 마음 정리가 필요할 때》에는 이런 문구가 있다.

지난한 과정을 거치며 고민을 거듭한 끝에 '집 정리가 곧 마음 정리'라는 결론에 닿았습니다. 사실 집이 지저분하고 정리가 되지 않는 것은 습관의 문제라고 생각하지만 속내를 들여다보면 마음의 문제인 경우가 많습니다.

애들이 크면 저절로 정리가 된다고요? 정말 그럴까요?
아이가 크면 물건이 갑자기 줄어들까요? 이건 착각이고 막연한 희망사항일 뿐이에요. 아이가 크면서 물건의 개수와 부피가 줄어드는 것이 아니라 연령에 따라 그 종류만 바뀌게 되거든요. 집이 넓어진다고 해도 그래요. 넓으면 넓은 대로 짐이 늘어난다는 어른들 말씀이 하나도 틀리지 않습니다.
그러는 동안 내 아이가, 내가 포기한 그 공간에서 크고 있다는 사실을 잊어버렸던 거예요. 자신의 현재 공간을 인정하는 것이 중요해요. 정리 습관이 중요한 이유이기도 하고요.

아들이 크면 좀 나아지겠지, 라며 지금의 집을 방치했던 내 모습에 뜨끔했다. 옷뿐 아니라 집도 조금씩 정리해나가야겠다.

보기에 좋으면
기분도 좋다

가스레인지를 닦던 어느 날, 문득 후드 생각이 났다.
맞다, 이사 온 뒤 후드를 닦아본 적이 한 번도 없구먼. 살림을 못한다, 못한다 해도 이 정도였나 싶어 후드를 떼어냈다.
아휴, 묵은 기름때.

후드에 베이킹파우더를 뿌려놨다가 안 쓰는 수세미에 주방세제를 뿌려 박박 닦았다. 왠지 의외로 신이 났다. 욕조가 기름때로 더러워졌기에 욕조를 닦다가 옆에 세면대도 닦다가, 어쩌다 보니 화장실 바닥도 문질러 화장실 청소가 되었다. 주방세제가 최고다. 그동안 안 닦여서 속 썩이던 게 싹 사라졌다.
수세미는 다 닦고 시원하게 버렸다. 이걸 계기로 주방을 정리해보기로 했다.

찬장을 열어보고 깜짝 놀랐다. 아니, 아이 낳은 지가 언젠데 출산 선물로 받은 미역이 아직도 있었네. 미역은 버리고 다시마는 잘라서 통에 넣고 남은 건 버렸다.

문제는 컵이다. 컵을 유난히 좋아해서 쓰지도 않으면서 진열해놓고 보기만 했다. 역시 컵도 옷처럼 모두 꺼내는 것에서부터 시작했다.

나는 살림이나 그릇에 취미가 없는데도 컵이 꽤 있었다. 살다 보니 여기저기서 선물로 받기도 해서 저절로 쌓인다.
고민 끝에 제일 좋아하는 컵 세트만 남기고 다른 컵들은 주변 사람과 나누기로 했다. 결혼 준비할 때 사서 한 번도 안 쓰고 내 눈과 마음만 즐겁게 해준 컵 세트 3인방은 고마운 사람들에게 선물하기로 했다. 빡빡하게 넣어놓았던 양념통도 넉넉해진 공간에 일렬로 진열했다. 찾아 쓰기 편해졌다.

그릇을 옆 칸으로 보내니 찬장이 텅 비었다. 고민 끝에 설거지 건조대를 없애고 채반에 넣었다가 마르면 채반과 함께 찬장 안에 넣기로 했다. 실제로 해보니 편한 점이 많았다. 건조대는 자주 닦지 않았는데 채반은 매일 설거지할 때마다 닦아주니 물때가 낄 겨를이 없었다. 설거지를 자주 쌓아두던 고질병도 고쳐졌다.
그리고 일단 딱 보기에 주방이 깔끔해서 대만족이다.

처음 며칠 동안은 미니멀리즘 책에 나온 대로 바로바로 물기를 닦아서 넣으려고 시도했는데 실패했다. 조금만 설거지감이 많아도 물기 닦는 게 더 힘들어서 설거지만 보면 스트레스가 쌓였기 때문이다. 나한테 맞는 방법으로, 할 수 있는 것부터 실행해야겠다.

식탁의 아기 의자를 동생에게 주고, 전자레인지 옆을 차지했던 책들은 싱크대 안에 넣어버렸다. 주방이 한결 깨끗해졌다.
보기에 좋으니 기분도 좋다.

청소를 하니
풍경이 보인다

인테리어에 대해 잘 아는 사람이 집에 놀러왔다.
지인은 작은 방 벽지를 보고 갑자기 누수인 것 같으니 관리사무소에 빨리 연락하라고 말했다. 벽지가 살짝 떠 있었는데 눈에 보일 정도가 아니어서 눈치 채지 못하고 살았다. 알고 보니 윗집은 월세를 놓았는데, 세입자가 집을 험하게 쓰다 못해 화장실 타일과 바닥을 다 벗겨놓고 이사 나가는 바람에 물이 샜다고 한다.

작은 방 도배를 하려니 짐을 다 빼야 해서 겸사겸사 정리도 하게 되었다. 본인은 신도시에 살면서 우리 단지에만 다섯 채를 보유한 채

월세를 받는다는 윗집 주인 할머니가 우리 집을 방문했다.
그러고는 자기가 집이 많아서 아는데 그냥 위에 포인트 벽지 붙이고 적당히 살라며, 덕을 베풀면 돌아오는 법이라고 했다. 나는 웃으면서 주인 할머니 팔짱을 꼈다. 할머니 말씀이 맞다고, 우리 집에 덕을 베풀어주면 복 받을 테니 실크벽지 그대로 해달라고 말씀드렸다. 몇 번의 언쟁 끝에 결국 도배를 받아내기는 했는데 나는 나중에 돈 벌면 그렇게 살지 말아야겠다는 생각이 들었다.

겸사겸사 방에 쌓여 있던 아들의 장난감 중 일부는 버리고 일부는 베란다로 옮겼다. 작은 방에 있는 것은 대부분 남편 짐이라 내 마음대로 처분하지 않기로 했다. 나도 어릴 때 엄마가 내 물건을 마음대로 처분하면 정말 화가 났었다. 가족이라도 서로 지켜야 할 영역이 있는 것 같다.

마침 같은 시기에 아파트에서는 전체 도색 작업을 하고 방충망 청소도 했다. 방충망을 청소하니 나빠진 눈에 안경을 낀 듯 경치가 선명해졌다. 집 정리를 하려고 마음먹으니 정리할 일이 계속 생기는 것 같다.

마음에 드는
공간을 만드는
기쁨
————————————————

지난 옷장 정리로 안방 서랍장이 비었다.
덕분에 서랍장과 세트인 침대도 처분하고 작년부터 다 뜯어져 솜이 삐져나오는 침구까지 이번에 싹 정리했다. 옷 안 사기로 시작했는데 어느새 집 정리가 되었다.

결혼할 때는 멋모르고 크고 화려한 디자인의 침대를 골랐다. 덕분에 화려한 금색 침구에, 거기에 맞는 금색 커튼을 달았다. 아이를 낳고 침대 옆에 범퍼 침대를 설치했는데 어느새 아이가 키가 커서 침대 밖으로 발이 튀어 나온다.

먼저 커튼을 교체하고 아이와 함께 잘 수 있는 크기의 패밀리 침대를 주문했다.
저번 가구와 침구 선택의 실수를 통해 교훈을 얻었기에 이번엔 최대한 저렴한 걸 사서 나중에 미련 없이 교체하기로 했다.
시간이 지나도 멀쩡하다면 패밀리 침대는 분리가 가능하기 때문에 아들 방을 따로 만들어줄 때 떼어주기로 했다.

새 침대에 새 이불을 착 깔아주니 기분 정말 최고다.
그동안 아들이 자꾸 내 옆에 자기를 원해서 좁은 아기침대에서 쪼그리고 자곤 했는데 편해졌다. 스물세 평이지만 세 명이 살기에 충분히 넓고 편하다.
그동안 나는 살림을 잘 못한다며 이런 일에 신경을 못 썼다. 하지만 ==요즘 조금씩 마음에 드는 공간에서 사는 기쁨이 무엇인지 알 것 같다.==

더 나은 사람이
되어가고 있다

평소 세탁실은 커튼으로 가려놓고 '눈 가리고 아웅'을 시전했다. 화장실은 종종 청소를 해도 세탁실은 어쩐지 손이 잘 안 가기도 하고 재활용 쓰레기를 모아두는 곳이라 아주 지저분했다.
그러다 이번에 세탁기를 교체하면서 세탁실을 대청소했다.

세탁기는 결혼할 때 멋모르고 진열상품을 싸게 구입했다.
세탁기야 매장에서 돌려보는 것도 아니니까 괜찮겠지 싶어 알뜰하다며 자화자찬했었다. 몸서리치던 꽃무늬까지 싸다고 용인한 터였다. 하지만 1년이 지나자 여기저기 고장이 계속되고 수리기사마저

이 모델은 잔 고장으로 기사들 사이에서 유명하다고 귀띔해주었다. 그래도 꾸역꾸역 그냥 쓰고 있었다. 그러다 지난달부터는 남편이 알아차릴 정도로 세탁 결과가 형편없어지더니 결국 고장이 났다.

이번에 큰맘 먹고 매장을 몇 개 돌았는데 세탁기가 엄청 비싸서 깜짝 놀랐다. 인터넷에서 카드할인에 무이자 12개월로 단순한 기능만 있는 제품을 고르고 골라 구입했다. 대신 이번엔 안 써봤던 건조 기능이 있는 드럼세탁기를 선택했다.

그렇게 새 세탁기 오는 기념으로 세탁실을 물청소했다.
다 찢어진 분리수거함도 버리고 집 근처에서 5천 원에 새로 사 왔다. 항상 세탁실에 쌓아두던 비닐봉지들도 정리했다.
이상하게 비닐봉지는 다시 쓸 것만 같아서 못 버리고 모아두고 있었다. 싱크대 마지막 칸이 비어 있었는데 3천 원짜리 정리함을 사와서 거기에 들어갈 만큼만 남기고 나머지는 버렸다.
그동안 왜 그렇게 비닐을 못 버렸는지 모르겠다.
정리함이 꽤 큰데도 3분의 2는 버렸다. 돈으로 교환 가능한 비닐은 따로 접어서 고무줄로 묶어놓았다. 앞으로는 장바구니를 들고 다녀야겠다.

세탁기에 건조 기능이 있어 빨래 건조대는 필요가 없어졌다. 건조대를 동네 사람에게 무료로 줬더니 그냥 가져가기 미안하다며 명태조림을 선물로 줬다. 덕분에 외식할까 했던 주말 저녁 한 끼를 집에서 맛있게 먹었다. 이런 게 이웃 간의 정인가 싶다.

정리 덕분에 새로운 경험을 많이 할 수 있었다. 집에는 여전히 물건이 많고 책도 많다. 나는 여전히 주부이면서도 요리를 잘 못한다. 조금만 정신이 해이해지면 바로 거실이 너저분해진다. 하지만 이제 우울하지 않다. ==나는 내가 노력할 수 있다는 걸 알고 있다. 조금씩 나아지고 있다는 것도 느끼고 있다.==

정리한 옷, 버리지 않아도 된다

첫 옷장 정리를 통해 블로그로 옷들을 판매한 금액에다 조금 더 보태서 40만 원을 기부했다. 아름다운 가게에 보낸 건 15만 원 정도 등록됐다. 두 번째 정리부터는 매달 한 품목씩 정리해서 10만 원씩 총 100만 원 기부하는 것이 목표였는데 마음 따뜻한 분들 덕분에 달성했다. 이제까지 해왔던 중고로 옷 파는 방법 혹은 기부하는 방법을 정리해본다.

동생, 지인들에게 판매

제일 깔끔한데 돈은 잘 못 받는 방법이다. 정 때문에 제값을 거의 못 받는 경우가 많다. 우리 집은 딸 셋에 엄마까지 집에 여자가 많아서 일단 가족에게 팔거나 준다. 그다음은 엄마 친구들이나 동네 분들에게 팔거나 드린다. 이번에도 평소에 많이 도와주던 동네 분들이 여러 개 입어보고 가져갔고, 원피스에 어울리는 롱 카디건도 서비스로 드렸다.

개인 블로그로 판매

처음엔 블로그 이웃들 사이로 돈이 오고가는 게 영 불편해 망설였다. 그런데 막상 제일 좋게 봐준 건 블로그 이웃들이었다. 그래도 옷 안 사기 블로그인데 이웃들이 방문했다가 옷을 사면 뭔가 기분이 이상하다.

벼룩시장 직접 판매

남은 원피스랑 앞으로 정리할 옷을 더해서 직접 팔아볼까 한다. 벼룩시장에 나가려고 인터넷을 찾아보니 동네 맘카페 등에서 판매자를 모집한다. 엄마에게 물어보니 구청이나 여기저기 바자회가 많다고 한다. 엄마도 우리 아들 옷이나 장난감을 주로 바자회에서 사 온다. 은근히 좋은 품목이 많다고.

'중고나라' 등 인터넷 판매

원래는 '짠돌이 카페' 벼룩시장 게시판에서 주로 헐값에 팔았다. 한번은 원피스 15벌을 5만 원에 일괄판매했는데, 직장에 다시 나가야 하는 엄마들이 샀다. 옷 잘 받았다고 고맙다고 문자까지 받으니 기분이 최고였다. 하루면 팔리고 보람도 있었는데 아쉽게도 그 게시판이 없어졌다. 네이버 중고나라는 저렴하게 파는 거보다 좋은 아이템을 파는 게 잘 팔리는 것 같다. 누군가 검색할 만한 메이커 옷을 하나씩 올리고 하나씩 배송했다. 일괄판매보다 수익은 좋지만 번거롭다는 단점이 있다.

'당근마켓' 앱

블로그 이웃분 추천으로 가입했다. 난 컴맹이라 어려우면 포기하려고 했는데 가입이나 이용이 참 쉽다. 내가 사는 지역을 입력하면 동네 주민들이 판매하는 물건들이 뜬다. 하루 만에 어떤 분이 원피스 10벌을 한 번에 사 갔다! 직접 가지러 왔기에 많이 깎아주고 어울리는 재킷을 서비스로 줬다. 집에 있다가 창업을 해서 정장 스타일이 많이 필요하다고 했다. 이웃 간에 얼굴도 모르고 살았는데 이렇게 만나고 이야기도 들으니 신기했다.

아름다운 가게 기부
www.beautifulstore.org

이도저도 다 힘들다면 아름다운 가게가 최고다. 나도 계속 옷이 쌓여 있으니 정신없기도 하고 집에 있는 걸 보니 다시 입을까 고민하게 돼서 제일 선호한다. 하나씩 팔고 포장 발송하는 게 보통 에너지와 시간이 필요한 일이 아니다. 홈페이지에서 예약하면 세 박스 이상은 직접 수거도 해주고 그 이하는 택배발송이 가능하다. 연말정산 공제도 다 해주고 최고 편하지만 세탁을 다 해서 보내야 한다는 주의사항이 있다.

EPILOGUE

내 변화를 나는 안다

충동적으로 시작한 마라톤이 의외로 재미있다는 걸 알게 되었다. 5km 완주를 두 번 성공한 다음부터는 10km짜리를 뛰었다. 이후 한 달에 한 번은 대회에 참가하고 있다. 남편과 같이 나가기도 하고 아침에 혼자 훌쩍 뛰고 오기도 한다.

마라톤은 다른 사람과 경쟁하지 않고 나만의 속도로 움직인다는 점이 마음 편했다. 매번 힘들 때 '저기까지만 갈까, 딱 저기까지만 더 갈까'라며 스스로를 다독일 수 있었다. 걸어가든 기어가든 내가 멈추지만 않으면 골인 지점이 가까워진다는 게 좋았다.

마라톤에도 근력 운동이 필요하다는 걸 알게 된 후로는 지루해하던 피트니스도 되도록 빠지지 않게 되었다. 물론 몸무게가 획기적으로 준 것은 아니지만 예전보다 건강해졌으며, 신체 사이즈가 줄었다. 그러면서 예전 옷이 맞기 시작했다. 사람들이 살 빠진 것 같다는 말을 해준다. 땀을 흘리니 여드름이 조금 덜 나기 시작했다. 이미 생긴 여드름 자국은 그동안 배운 화장으로 슬쩍 가리고 다니면 그만이다. 옷장에는 전부터 입던 옷이 걸려 있다. 같은 옷이지만 느낌은 예전과 전혀 다르다. 깊은 고민을 통해 엄선한 나의 컬렉션이니까.

1년간의 옷 안 사기 프로젝트에 성공한 후 나에 대한 보상으로 생활한복을 한 벌 더 맞췄다. 처음 생활한복을 마련했을 때는 주위 시선을 의식하느라 제대로 입지 못했다. 하지만 지금은 기회만 생기면 모임에 입고 나간다. 웬 한복을 입고 왔느냐는 질문에는 "제가 좋아하는 옷이에요"라고 웃으며 말하게 되었다. 중요한 건 나에 대한 확신과 자신감이라는 걸 새삼 실감한다.

회사를 그만두었을 때 아이를 키우며 나를 위해서 앞으로 뭘 하고 싶은지 고민했었다. 그때 블로그에 끼적거린 것이 책을 꼭 한번 써

보고 싶다는 것이었다. 내가 뭐 대단한 사람이라고 책까지 내나 싶어서 입 밖에 내기 부끄러웠지만, 꿈꾸는 건 어디까지나 자유라고 생각하며 용기를 냈다. 그 글이 계기가 되어 정말로 이 책이 세상에 나오게 되었다. 여러 사람의 노고를 거친 결과물이다. 정말 고마운 일이다. 평범한 내가 작가라니.

모든 변화는 유리창에 비친 내 모습을 바라본 그날, 그곳에서 시작되었다. 그 후로 많은 것이 달라졌고, 또한 달라지지 않았다. 겉으로 보기에 나는 흔히 볼 수 있는 아이엄마 그대로다. 하지만 내 마음이 바뀌었다는 것을 나 자신은 알고 있다. 나는 하루하루 나아지고 있고 매일이 즐겁다. 다가올 내일이 더 기대된다.